# Paramhansa Yogananda
## Lachen, der beste Weg zur Erleuchtung

Verlag Via Nova

Paramhansa Yogananda

# LACHEN,
# der beste Weg zur
# ERLEUCHTUNG

Verlag Via Nova

Übersetzung aus dem Englischen:
Evelyn Horsch-Ihle

**Originaltitel:**
Yogananda, Paramhansa
The Man Who Refused Heaven –
The Humor of Paramhansa Yogananda
Crystal Clarity Publishers, Nevada City, CA 95959
Copyright © 2017 Hansa Trust

Crystal Clarity Publishers,
c/o Ananda Edizioni
Morano Madonnuccia, 7
06023 Gualdo Tadino (PG) Italy
Phone: +39-075-9148375
www.anandaedizioni.it

1. Auflage 2020
**Verlag Via Nova, Alte Landstr. 12, 36100 Petersberg**
Telefon: (06 61) 6 29 73
Fax: (06 61) 96 79 560
E-Mail: info@verlag-vianova.de
Internet: www.verlag-vianova.de
Umschlaggestaltung: Guter Punkt, München
Satz: Sebastian Carl, Amerang
Druck und Verarbeitung: C. H. Beck, 86720 Nördlingen

ISBN 978-3-86616-480-2

# INHALT

EINFÜHRUNG

~

Oh, stilles Lachen,
lächle du durch meine Seele.
Lasse meine Seele durch mein Herz lächeln.
Und lasse mein Herz durch meine Augen lächeln.

Oh, Prinz des Lächelns,
mache mich zu einem Millionär des Lächelns,
auf dass ich dein reiches Lächeln
überall auf der Welt in traurige Herzen säen möge!

PARAMHANSA YOGANANDA

~

Lachen ist eine der größten Freuden im Leben. Deshalb hoffen wir, dass dieses Buch Ihnen Lachen und Freude bringen wird. Wenn wir lachen, dann berühren wir die innere Freude, die darauf wartet, erweckt zu werden – dieselbe innere Freude, die auch die Heiligen auf tiefste Weise erfahren haben.

Peggy Dietz war einige Jahre lang die Assistentin von Yogananda und begrüßte oft Reporter der verschiedenen Zeitungen von Los Angeles, die gekommen waren, um den Meister zu interviewen. Immer wenn sie die Journalisten fragte, welche Eigenschaft sie an Yogananda besonders schätzten, antworteten sie ohne Ausnahme: „Seine Liebe – und seinen Sinn für Humor!"

Als er seine Geistlichen lehrte, wie man einen Vortrag hält, sagte er unter anderem: „Bevor ihr einen Vortrag haltet, meditiert tief. Dann haltet an dieser meditativen Ruhe fest und überlegt, was ihr sagen wollt. Schreibt eure Ideen auf und schließt immer ein oder zwei lustige Geschichten ein, denn die Menschen sind empfänglicher, wenn sie herzlich lachen können."[*]

Yogananda zitierte oft die klassische Sanskrit-Definition des großen hinduistischen Lehrers Adi Shankaracharya aus dem 8. Jahrhundert: „Gott ist *sat-chit-ananda*." Er übersetzte diese Worte mit: „Gott ist ewiges Sein, ewiges Bewusstsein, ewig neue Glückseligkeit."

Er erklärte, dass, als Gott, der Glückseligkeit ist, zu seiner Schöpfung *wurde*, alles Leben diese Glückseligkeit als

---

[*] Swami Kriyananda: *The new path*. Nevada City: Crystal Clarity Publishers, 2010.

seinen Wesenskern in sich trug. Deshalb erkennen wir einen roten Faden, der alle Menschen verbindet: die Suche nach Glück. Da die Freude unsere grundlegende Natur ist, hören wir nicht auf, danach zu suchen, bis wir sie gefunden haben.

In seinem mystischen Gedicht „Samadhi" beschreibt Yogananda den höchsten Bewusstseinszustand: die Seele, die ihr Einssein mit Gott erkennt. Dieses überschwängliche Gedicht endet mit den folgenden Zeilen:

„Ein winziges perlendes Lachen,
bin ich zum Ozean der Fröhlichkeit
selbst geworden."

Für Yogananda bestanden sowohl das Leben als auch das Lebensziel in göttlicher Freude. Er lebte stets in Freude und strebte danach, sie auch in anderen Menschen zu wecken. Dort, wo es angebracht war, drückte er diese Freude manchmal durch tiefe Ernsthaftigkeit aus, oft aber auch durch überbordende Fröhlichkeit und sogar kindliche Verspieltheit.

Dieses Buch enthält nicht nur die Originalworte von Yogananda, sondern auch Geschichten über den Meister, die Swami Kriyananda zusammengetragen hat. Nicht lange, nachdem Kriyananda 1948 zu einem Schüler Yoganandas geworden war, bat ihn Yogananda, seine Worte niederzuschreiben. Kriyananda füllte viele Notizbücher nicht nur mit Geschichten, die der Meister gerne öffentlich erzählte (aber selbst nicht aufgeschrieben hatte), sondern auch mit seinen eigenen Berichten darüber, wie Yogananda mit Menschen arbeitete und seine Schüler ausbildete. Kriyananda schildert seine eigenen persönlichen Erlebnisse mit dem Meister ebenso wie die Erlebnisse, die ihm von anderen Schülern berichtet wurden. Diese Geschichten lehren uns sehr viel darüber, wie der Meister Humor einsetzte.

Wenn Sie das Buch lesen, versuchen Sie sich auf den Quell göttlicher Freude einzustimmen, aus dem Yogananandas Humor emporsprudelte und zum Ausdruck kam. Manchmal setzte der Meister Humor ein, um wichtige spirituelle Prinzipien zu verdeutlichen, manchmal auch, um Schüler oder Bekannte zu unterrichten, denn auf diese Weise konnte er Lektionen erteilen, die intellektuelle Vorträge allein niemals hätten vermitteln können.

Dieses Buch ist lustig und tiefgründig zugleich. Seine tiefere Botschaft besteht darin, dass wir Gottes Freude immer in uns tragen, dass wir sie erfahren und sie mit anderen Menschen teilen können.

Crystal Clarity Publishers

# Kapitel 1
## WIR SIND ALLE EIN WENIG VERRÜCKT, OHNE ES ZU WISSEN

# *Verschiedene Arten der Verrücktheit*

Warner Oland, der Hollywood-Schauspieler, der in einer Filmserie Fu Manchu und in weiteren siebzehn Filmen Charlie Chan verkörperte, war ein recht verdrießlicher, aber sehr berühmter Mann. Yogananda saß ihm einmal auf einer Zugreise gegenüber. Als der Schauspieler sein langes Haar und seine orangefarbene Robe sah, warf er dem Meister einen angewiderten Blick zu und wandte sich ab.

„Entschuldigen Sie", sagte der Meister, „warum machen Sie so ein Gesicht?"

„Das geht Sie gar nichts an!", antwortete der andere unhöflich.

„Bitte vergeben Sie mir, aber es geht mich *sehr wohl* etwas an!", erwiderte Yogananda. „Ich muss hier sitzen und Sie anschauen! Es wäre wesentlich angenehmer, wenn Sie ein weniger griesgrämiges Gesicht machen würden."

„Sie scheinen ein sehr dreister Mann zu sein", sagte Oland mit einem Lachen. „Wer sind Sie?"

„Darum geht es ja gerade", antwortete Yogananda. „Uns bietet sich heute eine wunderbare Gelegenheit. Wissen Sie, jeder auf der Welt ist ein wenig verrückt, aber keiner erkennt seine eigene Verrücktheit, weil er sich nur mit Menschen umgibt, deren Verrücktheit seiner eigenen ähnlich ist. Ich weiß etwas über Ihre Art der Verrücktheit, weil ich Sie im Film gesehen habe, aber Sie wissen nichts über meine. Wenn Sie mich davon überzeugen können, dass Ihre Lebensweise die bessere ist, werde ich Filmschauspieler.

Aber wenn ich Sie davon überzeugen kann, dass meine Lebensweise die bessere ist, sollten Sie mir folgen."

„Nun", erzählte Yogananda später, „er war mit meinen Bedingungen einverstanden und wir sprachen über alles. Und wie ihr seht, bin ich nie Filmschauspieler geworden, aber er wurde mein Schüler!"

~ 2 ~

## „Sie werden in die Hölle kommen!"

Ein orthodoxer Prediger, der sich über die Gegenwart eines orange gekleideten „Heiden" in diesem überaus christlichen Land aufregte und besonders beunruhigt darüber war, dass der Meister bestimmte engstirnige Dogmen nicht billigen wollte, schrie ihn eines Tages während einer Zugreise an: „Sie werden in die Hölle kommen!"

Der Meister sah die Wut, die das Gesicht des Mannes verzerrte, und erwiderte freundlich: „Nun, vielleicht komme ich irgendwann dorthin, aber Sie, mein Freund, sind bereits dort!" Die Mitreisenden waren dem Gespräch voller Interesse gefolgt und bei dieser Antwort erscholl allgemeines Gelächter.

## ~ 3 ~

## *Der glühende Ofen für den Farmerssohn*

Bei einer anderen Gelegenheit hielt Yogananda während einer Reise durch den pazifischen Nordwesten der USA bei einem Bauernhof an, weil er hoffte, dort Kirschen kaufen zu können. Dabei fing er mit dem Bauern ein Gespräch über Religion an. An einem bestimmten Punkt schrie der Mann, der sich als religiöser Fanatiker erwies: „Wir sind alle Sünder! Und der Herr wird unsere Seelen im Fegefeuer brennen lassen!"

Der Meister hielt einen Moment inne. Dann fragte er, als sei es ohne Belang: „Sie haben einen Sohn, nicht wahr?"

Der Mann antwortete trübselig: „Ja, ich habe einen Sohn."

„Er macht Ihnen Schwierigkeiten, nicht wahr?"

„Oh, mein Gott, und was für Schwierigkeiten!"

„Er trinkt, nicht wahr?"

„Wie ein Wal! Sie können sich nicht vorstellen, welchen Kummer ich seinetwegen durchmache!"

Yogananda erklärte daraufhin zuversichtlich: „Ich habe ein Heilmittel für sein Problem."

„Sir, wenn Sie mir dabei helfen können, werde ich Ihnen ewig dankbar sein!"

„Nun, gehen Sie wie folgt vor: Das nächste Mal, wenn er spät abends betrunken nach Hause kommt …" Yogananda unterbrach sich.

„Besitzen Sie einen großen Ofen?"

Der Mann starrte ihn misstrauisch an. „Sagen Sie", wollte er wissen, „was haben Sie im Sinn?"

„Nein, nein, warten Sie doch", sagte Yogananda beru-
higend. „Ich biete Ihnen eine Lösung für Ihr Problem an."

Zögernd erwiderte der Mann: „Ja, ich habe einen großen
Ofen."

„Hat er eine große Tür?"

Plötzlich wieder misstrauisch geworden, rief der Mann
aus: „Moment mal! Wo führt das alles hin?"

Der Meister sagte beschwichtigend: „Beruhigen Sie sich.
Ich löse das Problem für Sie."

Der Bauer lehnte sich zurück und entspannte sich ein
wenig.

„Nun also, Sie gehen wie folgt vor: Das nächste Mal,
wenn Ihr Sohn betrunken nach Hause kommt ... sorgen
Sie vorher dafür, dass der Ofen tüchtig heiß ist ..."

Der Mann richtete sich entsetzt wieder auf.

Yogananda sprach rasch weiter: „Ergreifen Sie ihn, fesseln Sie ihn mit einem starken Seil und stoßen Sie ihn in
den Ofen!"

Außer sich vor Empörung schrie der Mann: „Sie Got-
teslästerer! Sie böser Mensch! Wer hat jemals von einem
Vater gehört, der seinen eigenen Sohn in den Ofen stößt!
Verlassen Sie auf der Stelle mein Haus!"

Yogananda sagte daraufhin beschwichtigend: „Verstehen
Sie nicht, was ich Ihnen gerade gesagt habe? Sie meinten,
dass Gott uns alle in die Hölle schicken will. Aber er ist
unser wahrer Vater! Sie sind nur ein Mensch und waren
entsetzt bei dem Gedanken, Ihren Sohn in den Ofen zu stoßen, trotz aller Schwierigkeiten, die er Ihnen gemacht hat.
Wie können Sie dann glauben, dass der göttliche Vater,
dessen Liebe unendlich viel größer ist und der die Eltern-

liebe erst erschaffen hat, seine Kinder im Fegefeuer brennen lassen würde?"

Die Augen des alten Mannes füllten sich mit Tränen der Reue, als er sagte: „Jetzt verstehe ich." Er dachte einen Moment nach. „Ja, Sie haben Recht." Er sah seinen Besucher mit einem dankbaren Lächeln an: „Ich danke Ihnen sehr! Sie haben mich von einem großen Irrtum befreit. Ich verstehe jetzt, dass der himmlische Vater ein Gott der Liebe ist. Er *kann nicht* unsere Vernichtung wollen. Ich danke Ihnen! Ich danke Ihnen!"

~ *4* ~

## *Rassenvorurteile und der schwarze Hausmeister*

Ein Schüler fragte Yogananda: „Meister, wenn ein Weißer Vorurteile gegen Schwarze hat, folgt daraus nicht, dass er in seinem nächsten Leben selbst als Schwarzer geboren wird?"

Paramhansa Yogananda lachte. „Das ist absolut richtig! Abneigung ist eine ebenso starke magnetische Kraft wie Anziehung. Gott lässt sich durch menschliche Vorurteile nicht beeindrucken."

Er fuhr fort: „Manchmal sieht man ganze Familien, die nichts anderes tun, als sich gegenseitig zu bekämpfen. Sie waren schon vorher Feinde – nun hat es sie in dasselbe Heim gezogen, in dem sie ihren Hass auf engstem Raum überwinden müssen.

Es gibt eine Geschichte über eine Kirche in einem der Südstaaten der USA. Es war ein Ort, an dem nur Weiße am Gottesdienst teilnehmen durften.

Jim, der schwarze Hausmeister, wünschte sich mehr als alles andere, am sonntäglichen Gottesdienst der Gemeinde teilnehmen zu dürfen. ‚Jim', erklärte ihm der Geistliche, ‚ich würde mich sehr freuen, wenn du dabei wärest. Aber du weißt, wenn du das tätest, wäre ich meinen Job los.'

Eines Abends betete Jim tief betrübt zu Jesus: ‚Herr, warum kann ich denn nicht zusammen mit den Weißen am Gottesdienst in der Kirche teilnehmen?' Nach einer Weile schlief er ein und es wurde ihm eine Vision zuteil: Jesus Christus erschien ihm in einem strahlenden Licht und lächelte ihn mitfühlend an.

‚Mein Sohn', sagte Jesus, ‚leide nicht so sehr darunter. Ich versuche seit zwanzig Jahren, diese Kirche zu betreten, und habe es immer noch nicht geschafft!'"

~ 5 ~

*Ein Hindupriester führt*
*seine Anhänger in den Himmel*

Es war einmal ein zutiefst dogmatischer Hindupriester, der einem Tempel vorstand und der bedingungslosen Gehorsam von seinen Schülern verlangte. Der unwissende Priester besaß eine hinlänglich starke Ausstrahlung, um eine Gruppe von unwissenden Schülern anzuziehen, die ihm in allen Dingen zustimmten.

Eines Tages baten ihn seine Schüler: „Ehrwürdiger Meister, würdet Ihr uns bitte die absolut zuverlässige Methode zeigen, mit Gott in Kontakt zu treten?"

Der Priester antwortete: „Meine treuen Kinder, ich kann euch lehren, wie ihr mit Gott in Kontakt treten könnt – solange ihr genau das tut, was ich tue."

„Halleluja! Gesegnet sei unser großer Lehrer! Wir schwören feierlich, genau das zu tun, was Ihr tut."

Der Priester setzte sich auf ein Kissen in der Mitte des Tempels und die dogmengläubigen Schüler saßen in einem Kreis um ihn herum. Er machte sich bereit und sagte: „Sitzt aufrecht!" Zweihundert gläubige Anhänger riefen mit lauter Stimme: „Sitzt aufrecht!" Bei dieser unerwarteten Zurschaustellung von Dummheit sah der Priester sich um und die Schüler, die sahen, dass sich der Meister umsah, sahen sich ebenfalls um.

Empört setzte sich der Priestermeister kerzengerade hin, schloss die Augen und betete: „Oh, göttlicher Geist, gütiger Herr!" Die Schüler setzten sich ebenfalls kerzengerade hin und riefen einstimmig: „Oh, göttlicher Geist, gütiger Herr!"

Der Priester rief erneut: „Gütiger Herr des Universums, segne uns mit dem Wissen, das uns unserem Meister vorbehaltlos gehorchen lässt." Die Schüler wiederholten mit wachsender Hingabe gemeinsam diese Worte.

Der Priester spürte ein Kitzeln im Hals und hustete. Seine Schüler husteten ebenfalls. Der Meister war fassungslos. Als er erneut heftig husten und niesen musste, husteten und niesten alle seine Schüler ebenso heftig. Der Meister bebte vor Wut und schrie: „Seid still, ihr Idioten! Hört auf zu husten und mich nachzuäffen!" Die Schüler schrien einstimmig: „Seid still, ihr Idioten! Hört auf zu husten und mich nachzuäffen!"

Der Priester, inzwischen dunkelrot vor Wut, stand auf und schrie aus vollem Hals: „Diese haarsträubende Idiotie muss aufhören!" Die zweihundert Produkte seiner Ausbildung standen ebenfalls auf und schrien: „Diese haarsträubende Idiotie muss aufhören!"

Nun war der Priester vor Wut völlig außer sich, vergaß die Würde seiner Position und gab einem der Dummköpfe eine schallende Ohrfeige. Seine gut ausgebildeten zweihundert Anhänger taten es ihm gleich und ohrfeigten einander gegenseitig und ebenso den Meister, bis ihre Wangen wie Feuer brannten.

Der Priester, dessen Körper von den unaufhörlichen Schlägen wie Feuer brannte, rannte aus dem Tempel und rief: „Wasser, Wasser!" Die Schüler folgten ihm und schrien: „Wasser, Wasser!", während sie einander weiterhin die ganze Zeit ohrfeigten.

Der Priestermeister, der keinen anderen Ausweg sah, sprang in den Brunnen, um seine brennenden Wangen und seinen brennenden Körper zu kühlen. Nun, ihr wisst, was dann geschah. Die zweihundert dogmentreuen Schüler sprangen ebenfalls in den Brunnen und auf den Priestermeister.

Nun hatte der Priester sein Versprechen gehalten, denn sie gelangten alle zusammen in den Himmel.

Diese Geschichte macht deutlich, dass Dogmatiker, die ungeprüften Glaubenssätzen folgen, letztlich wie Blinde, die einem Blinden folgen, in derselben Grube der Unwissenheit ertrinken. Unwissende Schüler sollten sich nicht an unwissende spirituelle Lehrer klammern, denn sie ziehen einander gegenseitig herunter, um in Unwissenheit zu versinken.

Kapitel 2
ÜBER DIE VERRÜCKTHEIT
DES LEBENS LACHEN

# ～ 1 ～

## *Der Ire, der Engländer und der Schotte*

Yogananda besaß einen verschmitzten und überaus köstlichen Sinn für Humor. Dieser Wesenszug wird in einigen der Witze sichtbar, die er erzählte und die er selbst meist von anderen gehört hatte. Einer davon war ein etwas zweifelhaftes Kompliment, das er gerne mit einem kindlichen Lächeln machte: „Ihre Zähne sind wie Sterne – sie kommen nachts heraus!"

Ein anderer Witz handelte von drei Männern, nämlich einem Iren, einem Engländer und einem Schotten. Alle drei tranken Whisky, als in jedem Glas eine Fliege landete. Der Ire schwenkte einfach das Glas zur Seite, wobei er zusammen mit der Fliege ziemlich viel Whisky ausschüttete. Der Engländer fischte die Fliege vorsichtig aus seinem Glas. Der Schotte aber *presste die Fliege aus*! Ich erinnere mich noch sehr genau das diebische Vergnügen, mit dem der Meister die Worte *„presste die Fliege aus"* aussprach.

Bei einem anderen Witz, den er gerne erzählte, kamen drei Schotten zum Gottesdienst. Als der Kollektenteller herumgereicht wurde, fiel einer von ihnen in Ohnmacht und die beiden anderen trugen ihn hinaus.

## ~ 2 ~

## *Yoganandas*
## *ansteckendes Lachen*

Einmal erzählte der Meister, als er sich an seinem Rück-
zugsort in der Wüste aufhielt, eine lustige Geschichte aus
seiner Jugendzeit an der Schule von Ranchi.

Ich erinnere mich nicht mehr an die genauen Worte des
Meisters. Tatsächlich konnte ich noch nicht einmal richtig
verstehen, was er sagte. Er erzählte die Geschichte mit so
großer Begeisterung, weit ausholenden Gesten und pan-
tomimischer Untermalung, mit einem Lachen im Gesicht
und einem Zwinkern in den Augen, dass er sehr verworren
sprach. Sein Vergnügen an der Geschichte war jedoch an-
steckend und ich lachte fröhlich mit.

## ~ 3 ~

## *„Father Divine"*

„Vor vielen Jahren gab es einmal einen Prediger in Har-
lem", erzählte der Meister. „Er war bekannt als ‚Father
Divine'. Einmal schrieb Father Divine mir einen Brief, in
dem er vorschlug, dass wir uns ‚verbünden' sollten. Er un-
terschrieb seinen Brief mit den Worten: ‚Ich bin gesund,
energiegeladen und glücklich in jedem Muskel, Knochen,
Molekül UND ATOM!' Die letzten beiden Worte hatte er
mit Nachdruck dreimal unterstrichen. Sein Amtsstuhl, so

wurde mir erzählt, trug das Wort ‚GOTT' in der Lehne eingraviert!" Der Meister kicherte bei dieser Erinnerung amüsiert in sich hinein.

## ~ 4 ~

## *Auf der Kuppel des Taj Mahal*

„Die Menschen haben eine sehr verzerrte Vorstellung davon, worum es beim spirituellen Weg eigentlich geht", sagte Yogananda. „Visionen und Erscheinungen sind nicht wichtig. Worauf es ankommt, ist die vollkommene Selbsthingabe an Gott. Man muss sich in seine Liebe versenken.

Ich erinnere mich an einen Mann, der nach einem Vortrag in New York zu mir kam und behauptete, er könne willentlich ins kosmische Bewusstsein eintreten. Was er in Wirklichkeit meinte, war, dass er Astralreisen unternehmen könne, aber ich erkannte sofort, dass seine Erfahrungen eingebildet waren. Das konnte ich ihm natürlich nicht einfach sagen. Er hätte es mir auch nicht geglaubt. Also lud ich ihn in mein Zimmer ein. Dort bat ich ihn, mir den Gefallen zu tun und ins kosmische Bewusstsein einzutreten.

Nun, er saß zappelnd da, seine Augenlider flackerten und er atmete sehr schwer – alles Anzeichen für körperliches Bewusstsein, nicht für kosmisches Bewusstsein! Schließlich konnte er sich nicht mehr länger beherrschen.

‚Warum fragen Sie mich nicht, wo ich bin?'

‚Nun gut', sagte ich, um ihm seinen Willen zu lassen. ‚Wo sind Sie?'

Mit hohler Stimme, so als ob er aus großer Entfernung rufen würde, antwortete er: ‚Auf der Kuppel des Taj Mahal!'

‚Da muss mit Ihrer eigenen Kuppel irgendetwas nicht in Ordnung sein!', bemerkte ich. ‚Ich sehe Sie in Lebensgröße hier sitzen, direkt vor mir!' Er war wie vom Donner gerührt.

Dann machte ich ihm einen Vorschlag. ‚Wenn Sie glauben, den ganzen Weg bis zum Taj Mahal in Indien reisen zu können, warum versuchen Sie dann nicht, sich an einen nahegelegenen Ort zu versetzen, um die Gültigkeit Ihrer Erfahrung zu überprüfen?' Ich schlug vor, er solle sich in den Speisesaal des Hotels im Erdgeschoss begeben und schildern, was er dort sah. Er war mit der Prüfung einverstanden. Also trat er erneut ins ‚kosmische Bewusstsein' ein und beschrieb den Speisesaal, wie er ihn sah. Er glaubte nämlich tatsächlich an seine Visionen. Ich wollte ihm zeigen, dass sie Produkte einer lebhaften Vorstellungskraft waren. Er beschrieb eine Reihe von Dingen im Restaurant, darunter eine Gruppe von Menschen, die in einer etwas weiter von der Tür entfernten Ecke saßen.

Dann beschrieb ich die Szene so, wie ich sie sah. ‚In der rechten Ecke', sagte ich, ‚sitzen zwei Frauen an einem Tisch in der Nähe der Tür.' Ich schilderte noch eine Reihe weiterer Dinge, wie sie in diesem Moment waren. Dann gingen wir sofort nach unten und fanden den Raum so vor, wie ich ihn beschrieben hatte, und nicht so, wie er es getan hatte. Endlich war er überzeugt."

## „Wo ist das Öl?"

Yogananda amüsierte sich über Pedanterie und machte sich mitunter über ihre Überheblichkeit lustig. Eine Geschichte, die er gerne lachend erzählte, ging so:

„Die Frau eines Philosophen bat ihn einmal, ihr eine Flasche mit Öl zu kaufen. Als er mit der Flasche auf dem Rückweg war, begann er zu sinnieren: ‚Ist das Öl wirklich in der Flasche? Oder täuschen mich meine Sinne? Könnte es stattdessen auch so sein, dass die Flasche im Öl ist?‘

Seine Frau stand an der Tür und fragte: ‚Wo ist das Öl?‘

‚Frau‘, erklärte der Philosoph hochtrabend, ‚ich habe gerade eine wichtige Entdeckung gemacht!‘

‚Wo ist das Öl?‘, wiederholte sie.

‚Ich komme schon noch dazu‘, versicherte er ihr. ‚Hör zu: Ich habe das Öl gekauft. Dann, als ich es anschaute, dachte ich: „Ja, das ist Öl und es scheint in der Flasche zu sein. Meine apperzeptive Perzeption zweifelt jedoch, ob das Öl wirklich in der Flasche ist oder ob nicht die Flasche möglicherweise im Öl sein könnte!"‘

‚Wo ist das Öl?‘, fragte seine Frau.

‚Jaja, ich komme ja gerade dazu‘, versicherte er hastig. ‚Ich habe also die Flasche umgedreht. Und jetzt glaube ich, dass das Öl vielleicht in der Flasche war!‘

‚Du Idiot!‘, schrie seine Frau. Sie nahm einen Besenstiel und schlug ihm damit auf seinen ‚apperzeptiv perzeptiven‘ Kopf.

‚Und jetzt weiß ich', schloss der Philosoph triumphie-rend, ‚dass das Öl tatsächlich in der Flasche war.'"

Der Meister kommentierte: „Mit echten Intellektuellen hat man keine Probleme. Sie wollen die Wahrheit, nicht nur bloße Definitionen der Wahrheit!"

~ 6 ~

*„Ich habe dich*
*für die Wand gehalten"*

Der Meister amüsierte sich manchmal über das klassische Bild des zerstreuten Professors.

„Es war einmal ein Philosoph", sagte er, „der die Asche seiner Zigarette gegen die Rückseite des Kleides seiner Frau schnippte. ‚Was tust du da!', rief sie empört. ‚Oh, es tut mir leid, es tut mir leid!', antwortete er mit einem ver-träumten Lächeln. ‚Ich habe dich für die Wand gehalten.'"

~ 7 ~

*Der Philosoph*
*und der Fährmann*

Vor langer Zeit wollte einmal ein gelehrter Hindu-Philo-soph, der die vier großen Hindu-Bibeln eingehend studiert hatte, den heiligen Fluss Ganges in Indien überqueren. Als der einfache Fährmann den großen Philosophen über den

Fluss zu rudern begann, wollte sich der stolze Philosoph dem Fährmann gegenüber mit seinem Wissen hervortun. Er fragte: „Fährmann, hast du die erste Hindu-Bibel studiert?" Der Fährmann antwortete: „Nein, Herr. Ich weiß nichts über die Hindu-Bibel." Daraufhin bemerkte der Philosoph mitleidig: „Fährmann, es tut mir leid, dir sagen zu müssen, dass fünfundzwanzig Prozent deines Lebens so gut wie verloren sind."

Der Fährmann schluckte diese Beleidigung und ruderte weiter. Als das Boot ein Stück weit auf den Ganges hinausgelangt war, begannen die Augen des Philosophen zu glitzern und er rief laut: „Fährmann, ich muss dich fragen: Hast du die zweite Hindu-Bibel studiert?" Das ärgerte den Fährmann und er antwortete: „Herr, ich sage Euch ein für alle Mal, dass ich nichts über die Hindu-Bibel weiß." Daraufhin antwortete der Philosoph mit kühler Belustigung: „Fährmann, dann muss ich dir leider sagen, dass fünfzig Prozent deines Lebens so gut wie verloren sind."

Der Fährmann machte sich ärgerlich wieder an die Arbeit und ließ die Ruder durch das Wasser gleiten. In der Zwischenzeit hatte das Boot die Mitte des Flusses erreicht und es blies ein heftiger Wind. Erneut begannen die Augen des Philosophen überlegen zu glitzern und er fragte: „Fährmann, sag mir: Hast du die dritte Hindu-Bibel studiert?" Mittlerweile war der Fährmann außer sich vor Zorn und schrie laut: „Philosoph, ich weiß nichts über die Hindu-Bibeln!"

Der Philosoph erklärte in hämischem Triumph: „Fährmann, dann muss ich dir leider sagen, dass fünfundsiebzig Prozent deines Lebens so gut wie verloren sind!" Der

Fährmann murmelte vor sich hin und ertrug abermals die Worte des unerträglichen Philosophen.

Zehn weitere Minuten vergingen, als ein tobender Sturm den Ganges zu hohen Wellen aufpeitschte. Das Boot begann in der turbulenten Strömung des Flusses wie ein Blatt hin- und herzuschaukeln. Der Philosoph zitterte, während der Fährmann seinen Fahrgast mit einem selbstsicheren Lächeln anschaute und fragte: „Philosoph, nachdem Ihr mich mit so vielen Fragen gequält habt, möchte ich Euch nun eine Frage stellen: Könnt Ihr schwimmen?" Als der zitternde Philosoph die Frage verneinte, erwiderte der Fährmann: „Dann, mein Freund, ist Euer ganzes Leben verloren und Ihr werdet diese Bücher nicht mehr brauchen!"

Die Moral dieser Geschichte ist, dass man, ganz gleich, wie gelehrt oder erfolgreich man ist, unweigerlich im Meer der Schwierigkeiten ertrinkt, wenn man das rechte Verhalten und die rechte Lebensart nicht lernt. Wenn man dagegen die Kunst beherrscht, zur rechten Zeit das Rechte zu tun, kann man mit den kraftvollen Schlägen der eigenen Willenskraft alle Prüfungen des Lebens bestehen und die Ufer vollkommener Zufriedenheit erreichen.

Kapitel 3
# SPASS MIT MENSCHEN HABEN

# ～ 1 ～

## *Die beiden schlafenden Jungen*

Yoganandas Erziehungssystem fing beim Schüler selbst an und nicht bei den Informationen, die in seinen Kopf hineingeschaufelt werden sollten. Geistige und moralische Werte sollten attraktiv gemacht werden, indem man zeigte, dass ihre Einhaltung das Glück bringt, nach dem alle suchen.

In seiner Schule in Ranchi im indischen Bundesstaat Bihar gab es zum Beispiel zwei Jungen, die ständig miteinander stritten. Yogananda ließ sie nachts in einem Bett schlafen! Von diesem Zeitpunkt an war es entweder ein ständiger schlafraubender Kampf oder ein erzwungener Frieden. Irgendwann zeigten sie erste Anzeichen einer aufkeimenden Freundschaft.

Um sicherzugehen, dass diese neue Freundschaft tief genug reichte, schlich Yogananda sich eines Nachts auf Zehenspitzen zum Kopfende des Bettes. Als er sah, dass sie tief und fest schliefen, beugte er sich herab und klopfte einem der Jungen fest auf Stirn. Der Junge richtete sich auf und sagte ärgerlich zu seinem Bettgenossen: „Warum hast du das getan?"

„Was meinst du? Ich habe gar nichts getan." Diese Antwort war so offenkundig aufrichtig, dass der erste Junge nachgab – zu verschlafen, um sich zu fragen, wie es zu diesem Zwischenfall gekommen sein konnte.

Als beide Jungen wieder fest eingeschlafen waren, beugte Yogananda sich erneut nach unten und klopfte dem anderen Jungen fest auf die Stirn. Daraufhin setzte dieser

Junge sich auf und rief ärgerlich: „Ich habe dir doch *ge-sagt*, dass ich nichts getan habe!" Nun setzten sich beide auf, bereit zum Kampf, als sie zufällig zum Kopfende des Bettes schauten. Dort stand Yogananda und lächelte auf sie herunter.

„Oh, *Ihr*!", riefen sie. Und von dieser Nacht an waren sie die besten Freunde.

~ 2 ~

## Frauen werden stärker durch Gefühle beeinflusst

„Frauen werden stärker durch Gefühle beeinflusst", pfleg-te der Meister zu sagen, „und Männer stärker durch den Verstand. Man kann es schon an ihrer körperlichen Ge-stalt erkennen. Die Brüste der Frau befinden sich in der Herzregion, wo die Gefühle ihren Sitz haben. Die Stirn des Mannes – der Bereich, der das Gehirn bedeckt, der Sitz des Intellekts – ist dagegen eckig und weist oft eine leichte Wölbung oberhalb der Augenbrauen auf.

Eines Tages sprach ich mit einer erfolgreichen Autorin. Ihr Leben lang war sie in einer von Männern beherrschten Domäne angetreten und sie war stolz darauf, dass sie zu allem eine intellektuelle Einstellung hatte. ‚Bei allem, was ich tue', sagte sie zu mir, ‚lasse ich mich einzig und allein von der Vernunft leiten.'

Ich sagte nichts darauf. Allmählich lenkte ich das Ge-spräch jedoch auf eine andere Autorin – die ‚Konkurrentin' dieser Frau. Als wir über die ‚Mitbewerberin‘ redeten, ließ sie kein gutes Haar an ihr.

‚Aha‘, sagte ich ein wenig ironisch, ‚Sie lassen sich also ausschließlich von der Vernunft leiten?‘ Sie verstand sofort, was ich meinte, und wir lachten beide herzlich darüber.“

## ∾ 3 ∾

### „Schagen Schie mal, wasch trinken Schie denn?“

Einmal taumelte in Chicago ein betrunkener Fremder auf Yogananda zu und umarmte ihn liebevoll.

„Hallo, Jeschusch Chrischtusch!“

Der Meister lächelte. Um dem Mann eine Kostprobe des unendlich viel besseren „Lebenswassers“ zu geben, an dem er sich erfreute, sah er ihm dann tief in die Augen und schenkte ihm eine Kostprobe göttlicher Freude.

„Schagen Schie mal“, rief der Mann mit schwerer Zunge aus, „wasch trinken *Schie* denn?“

Der Meister erwiderte mit einem Augenzwinkern: „Sagen wir einfach, dass es viel ‚Feuer‘ in sich hat!“ Sein Blick hatte den Mann nüchtern gemacht. „Als ich ging“, erzählte uns der Meister später, „wunderte er sich, was passiert war.“

## „Sie ist meine Seelengefährtin!"

„Ein Schüler in Boston erzählte mir, dass er ein Leben der Entsagung führen wolle. Ich sagte ihm: ‚Dein Weg ist die Ehe.'

‚Oh, nein!', gelobte er, ‚ich werde *niemals* heiraten!' Nun, eine Woche später begegnete er einem schönen Mädchen und schwor mir, dass er sich unsterblich in sie verliebt hätte.

‚Sie ist nicht die Richtige für dich', warnte ich ihn.

‚Doch, das *ist* sie!', rief er. ‚Sie ist meine Seelengefährtin!'

Nun, nicht lange danach kam er beschämt zurück. Ich will der Welt entsagen', verkündete er erneut inbrünstig. Das Mädchen hatte ihn verlassen, nachdem sie sein Geld ausgegeben hatte.

‚Du bist der Richtigen bisher noch nicht begegnet', sagte ich.

Einige Zeit später erzählte er mir lachend von einem dicken, ziemlich unattraktiven Mädchen, das ein unwillkommenes Interesse an ihm zeigte.

‚Aha', sagte ich. ‚Das klingt so, als sei sie die Richtige!'

‚Nein, Swami, nein!', rief er entsetzt. ‚Ihr hattet schon einmal Recht. *Bitte*, habt diesmal nicht Recht!'

‚Es klingt so, als sei sie die Richtige für dich.'

Er brauchte einige Zeit, aber nach und nach entdeckte er, was für ein gutes Wesen die junge Frau unter ihrer wenig attraktiven äußeren Erscheinung besaß, und verliebte sich unsterblich in sie. Schließlich fand die Hochzeit statt."

## ~ 5 ~
## *Ein hübscher Lippenstift*
## *und eine flotte Krawatte*

„Menschen lassen sich so oft von der äußeren Erscheinung blenden", fuhr der Meister fort. „Die Ehe ist in diesem Land oft eine Verbindung aus einem hübschen Lippenstift und einer flotten Krawatte. Sie hören ein wenig Musik, kommen in eine romantische Stimmung und am Ende verpfänden sie ihr Leben."

## ~ 6 ~
## *Die fünfzehn Zentimeter lange Zunge*

Yogananda pflegte zu sagen: „Die Leute sagen, dass Frauen schwächer sind als Männer, aber Frauen mit einer fünfzehn Zentimeter langen Zunge können einen Mann umbringen, der einen Meter achtzig groß ist."

## ~ 7 ~
## *Griesgrämigkeit und Süße*

„Wenn du an der Verdauungsstörung der Unfreundlichkeit oder der cholerischen Griesgrämigkeit leidest, trinke die Medizin der Süße."

## ~ 8 ~

### *Der Pfeil des Lächelns*

„Jedes Mal, wenn du ein trauriges Gesicht siehst, schieße deine Pfeile des Lächelns darauf ab. Jedes Mal, wenn das sorgenvolle Herz eines Menschen vom Pfeil deines Lächelns durchbohrt wird, hast du ‚ins Schwarze' getroffen. Führe jeden Tag Schießübungen durch, indem du die Pfeile deines Lächelns überall dort abschießt, wo du Traurigkeit begegnest."

## ~ 9 ~

### *Der Mann, der den Himmel ablehnte*

Vor langer Zeit lebte in Indien ein heiliger Mann, der seine Tage an den friedlichen Ufern des heiligen Ganges zubrachte. Obwohl er von unerwünschten Gedanken geplagt wurde, gelobte er eines Tages: „Ich werde nicht aufhören zu beten, bis ich während der Meditation Frieden finde." Nach drei Stunden waren die störenden Gedanken aus seinem Meditationstempel verschwunden und an ihrer Stelle sah er in einer Vision einen Heiligen vor sich stehen.

Der Heilige sprach mit himmlischer Sanftmut: „Gemäß dem Dekret deiner vergangenen Handlungen ist es metaphysisch bestimmt, dass du bei deinem Tod wählen musst, ob du mit zehn Narren im Himmel oder lieber mit einem Weisen in der Hölle leben willst. Was ziehst du vor?"

Der spirituelle Aspirant antwortete: „Ich will lieber mit einem Weisen in der Hölle leben, denn aus Erfahrung weiß ich, dass zehn Narren den Himmel zur Hölle machen würden. Ich glaube jedoch, dass ein wirklich weiser Mann mir selbst in der unterweltlichen Finsternis der Hölle helfen würde, dort den Himmel zu erschaffen."

Wenn du also ein himmlisches Heim hast, aber unablässig mit deiner Familie und mit deinen Freunden streitest, dann lebst du in einer selbstgeschaffenen Hölle. Wenn du dagegen in einer unharmonischen Umgebung lebst, aber dennoch jeden Tag einige Minuten meditierst und in Harmonie lebst, dann trägst du dein eigenes Paradies in dir, wo immer du hingehst.

## Kapitel 4
## GESUNDHEIT IST NICHT IMMER
## EINE ERNSTE ANGELEGENHEIT

# ~ 1 ~

## *Jeder Fisch kann flussabwärts treiben*

„Menschen, die Probleme mit ihrer Gesundheit haben, sagen mir oft: ‚Oh, Asthma (oder Tuberkulose oder Diabetes) ist in meiner Familie erblich.' Mehr brauche ich über diese selbsthypnotische Ergebenheit in ein identisches Schicksal gar nicht zu hören. Aber das, meine lieben Schüler, ist NICHT der Weg zur Wahrheit, sondern die Philosophie eines Schwächlings. Wahr IST vielmehr, dass ihr, wenn ihr weiterlebt wie euer Vater, davon ausgehen könnt, auch in seine Fußstapfen zu treten.

Ich sage nicht, dass Veränderung leicht ist. Wie alles andere, was sich zu erreichen lohnt, müsst ihr dafür ARBEITEN. Ein Sprichwort besagt jedoch, dass jeder Fisch flussabwärts treiben, aber nur ein *lebender* Fisch flussaufwärts schwimmen kann. Es ist die Aufgabe des Einzelnen, sich von den Fesseln unerwünschter ererbter Tendenzen zu befreien, ganz gleich, ob es Denkgewohnheiten oder Krankheitsgewohnheiten sind."

# ~ 2 ~

## *Die „Sorgenfastenkur"*

„Wenn du an einer geistigen Krankheit leidest, mache eine geistige Diät. Eine gesundheitsfördernde geistige Fastenkur klärt den Geist und befreit ihn von den angesammelten

Giftstoffen, die von einer unachtsamen, falschen geistigen Diät herrühren. Lerne zuerst, die Ursache deiner Sorgen zu beseitigen, ohne ihnen zu erlauben, dir Sorgen zu bereiten. Füttere deinen Geist nicht mit dem täglich frisch erzeugten geistigen Gift neuer Sorgen.

Sorgen rühren oft daher, dass wir versuchen, zu viele Dinge in Eile zu erledigen. Schlinge deine geistigen Pflichten nicht herunter, sondern kaue sie vielmehr, eine nach der anderen, gründlich mit den Zähnen der Aufmerksamkeit und durchtränke sie mit dem Speichel guten Urteilsvermögens. Auf diese Weise vermeidest du sorgenbedingte Verdauungsstörungen.

Mache regelmäßig eine Sorgenfastenkur. Schüttle dreimal täglich alle Sorgen ab. Um sieben Uhr morgens sage dir: ‚Alle meine nächtlichen Sorgen sind vertrieben und von sieben bis acht Uhr weigere ich mich, mir Sorgen zu machen, egal wie beschwerlich die vor mir liegenden Pflichten sind. Ich mache eine Sorgenfastenkur.' Zwischen zwölf und ein Uhr mittags sage dir: ‚Ich bin heiter, ich mache mir keine Sorgen.' Zwischen sechs und neun Uhr abends, während du mit deiner Frau oder mit nur schwer zu ertragenden Verwandten oder Freunden zusammen bist, fasse innerlich den festen Entschluss: ‚In diesen drei Stunden mache ich mir keine Sorgen. Ich weigere mich, ärgerlich zu werden, selbst wenn an mir herumgenörgelt wird. Ganz gleich, wie groß die Versuchung sein mag, ein Sorgenfest feiern – ich werde ihr widerstehen.'

Wenn du es geschafft hast, zu bestimmten Tageszeiten von deinen Sorgen zu fasten, versuche einmal, eine ein- oder sogar zweiwöchige Sorgenfastenkur zu machen. Versuche dann, die Anhäufung neuer Sorgengifte in deinem System ganz zu vermeiden.

Sorgenfasten ist die negative Methode, um eine Sorgenvergiftung zu überwinden. Es gibt auch eine positive Methode: Jemand, der sich mit Sorgenerregern angesteckt hat, sollte sich mäßig, aber regelmäßig an der Gesellschaft fröhlicher Menschen laben. Es gibt Menschen, deren Lachen durch nichts zum Verstummen gebracht werden kann. Finde sie und labe dich zusammen mit ihnen an dieser lebensspendenden Freudennahrung. Setze deine Lachdiät beharrlich fort, und am Ende eines oder zweier Monate wirst du die Veränderung sehen – dein Geist wird von Sonnenschein erfüllt sein."

## ~ 3 ~
## Der überforderte Staatsdiener – die Verdauung

„Kannst du gleichzeitig Musik hören, lesen, gehen, schreiben, reden und meditieren – und allem gerecht werden? Nun, das ist genau das, was unsere Verdauungsorgane dreimal täglich tun müssen, jahrein, jahraus, mit einem Konglomerat an nicht miteinander verträglichen Nahrungsmitteln, die ihnen ständig zugeführt werden.

Es gibt fünf verschiedene Verdauungssäfte im Körper, die dazu dienen, die vielen unterschiedlichen Nahrungsmittel zu verarbeiten, die wir brauchen. Die Verwirrung, die im Körper entsteht, wenn einem schon überforderten

„Staatsdiener" zu viele verschiedene Nahrungsmittel auf-
geladen werden, gleicht der Verwirrung, die aufkommt,
wenn der Leiter eines großen Produktionsbetriebes den
einzelnen Abteilungen widersprüchliche Anordnungen erteilt.

Wenn unsere Augen und unser Gaumen bestimmen, wie
wir unseren Körpertempel ernähren, und wir dabei die Gesetze außer Acht lassen, die ihn regulieren *sollten*, dann
brauchen wir uns nicht zu wundern, dass unsere Bevöl-
kerung in zunehmendem Maße die Krankenhäuser füllt."


~ *4* ~

## Die „Will-nicht-Kraft"

„Wenn du nicht über genug Willenskraft verfügst, dann
versuche eine ‚Will-nicht-Kraft' zu entwickeln. Wenn du
am Esstisch sitzt und die Gier deine Selbstkontrolle be-
täuben und dich dazu verführen will, mehr zu essen, als
du solltest, sieh dich vor. Nachdem du die richtige Men-
ge an Nahrung in der richtigen Qualität zu dir genommen
hast, sage dir: ‚Ich will nicht mehr essen!', und verlasse
den Tisch. Wenn jemand ruft: ‚John, komm zurück. Ver-
giss den köstlichen Apfelkuchen nicht!', dann rufe einfach
zurück: ‚Ich will nicht!'"

# Das Heilmittel
## für nervöse Herzbeschwerden

„Vor einiger Zeit kam ein Mann zu mir, der an chronisch nervösen Herzbeschwerden litt und Heilung suchte. Er sagte: ‚Ich habe viel versucht, schaffe es aber nicht, mich von meinen Herzbeschwerden zu befreien.'

Nachdem ich nachgedacht und meine Intuition befragt hatte, bat ich ihn, mir eine Schere zu bringen. Erschrocken und misstrauisch starrte er mich an und protestierte: ‚Sir, wollen Sie einen Schnitt an meinem Herzen durchführen?' Ich lachte und antwortete: ‚Ich bin kein Arzt und Sie haben bestimmt noch nie gehört, dass jemand eine Schere benutzt hat, um eine Herzoperation durchzuführen.'

Als er mir widerstrebend die Schere brachte, schnitt ich einen seiner Westenknöpfe ab und bat ihn, den Knopf nicht wieder anzunähen und auch die Stelle nicht zu berühren, an die der abgeschnittene Knopf gehörte. Ich bat ihn, in zwei Wochen wiederzukommen, und sagte ihm, dass ich davon ausgehen würde, dass er bis dahin geheilt sei.

Der Mann lachte und rief aus: ‚Ich werde tun, was Sie sagen, weil ich Ihnen vertraue, aber von allen verrückten Heilmethoden ist das wohl die verrückteste.'

Nach zwei Wochen kam er jubelnd vor Freude wieder und sagte: ‚Die Spezialisten sagen, dass ich von meinen nervösen Herzbeschwerden geheilt bin. Sir, was haben Sie getan? Haben Sie einen Geist aus dem Knopf vertrieben?'

Lächelnd antwortete ich: ‚Ja, das habe ich! Ihre Hand hat

ständig mit dem Westenknopf über Ihrem Herzen gespielt. Dieser Knopf war der „Geist", der die nervösen Herzbeschwerden verursacht hat. Nachdem Ihr Herz von dem störenden Westenknopf befreit ist, hat es aufgehört, Ihnen Probleme zu bereiten.'"

## ~ 6 ~

### Herr Roquefort

„Du solltest wissen, dass du alles, was andere tun, ebenfalls tun kannst. Einmal aß ich mit Freunden zu Abend. Alles ging gut, bis der Roquefort serviert wurde. In Indien essen wir nur frisch zubereiteten Käse, sodass ich die kleinen grünlichen Schimmelflecken mit großem Misstrauen betrachtete. Meine Seele rebellierte dagegen und meine Gehirnzellen rieten mir dringend, mich von diesem Käse fernzuhalten. Aber als ich sah, dass meine amerikanischen Freunde ihn aßen, nahm ich meinen Mut zusammen und steckte mir ein kleines Stück in den Mund.

Kaum war es dort angekommen, begehrten alle Gaumengenüsse, die ihm vorangegangen waren, dagegen auf. Es gab ein großes Gezeter und großen Tumult und sie teilten mir mit, dass sie meinen Körper verlassen würden, falls ‚Herr Roquefort' sich ihnen in meinem Magen anschließen sollte. Ich wagte nicht, den Mund zu öffnen, sondern nickte nur stumm auf die Frage meines Gastgebers, ob mir der Käse schmeckte!

Als ich die Gesichter meiner Freunde betrachtete, die

genussvoll den Roquefort aßen, fasste ich plötzlich einen Entschluss. Ich konzentrierte mich tief und erklärte meinen Gehirnzellen: ‚Ich bin euer Meister. Ihr seid meine Diener. Ihr werdet mir gehorchen – diese Torheit muss aufhören!' Schon kurz darauf konnte ich die Gesellschaft von ‚Herrn Roquefort' problemlos genießen und inzwischen wird er immer herzlich willkommen geheißen, wenn er meine ‚Verdauungshalle' betritt."

Kapitel 5
DAS TUN, WAS FUNKTIONIERT

## ~ 1 ~

*„Du hast*
*den Hut vergessen!"*

Der Meister sagte oft: „Am glücklichsten ist der, der Gott alles gibt." Er erzählte uns eine amüsante Geschichte, um seine eigene Vorliebe für ein einfaches, von aller Zurschaustellung freies Leben zu verdeutlichen.

„Ein wohlhabender Schüler wollte mir einmal einen neuen Mantel kaufen. Er nahm mich mit in ein renommiertes Bekleidungsgeschäft und bat mich, mir einen Mantel auszusuchen. Ich sah einen, der mir gefiel, und streckte die Hand aus, um ihn anzufassen. Als ich das Preisschild sah, zog ich meine Hand jedoch schnell wieder zurück. Der Mantel war sehr teuer.

,Aber es würde mir *Freude* machen, ihn für Sie zu kaufen', beharrte mein Freund. Er suchte sogar noch einen passenden teuren Hut dazu aus. Ich wusste die Großzügigkeit, mit der er mir diese Geschenke machte, wirklich zu schätzen. Aber immer wenn ich sie trug, fühlte ich mich unwohl. Teurer Besitz ist eine Verantwortung.

,Göttliche Mutter', betete ich schließlich, ,dieser Mantel ist zu gut für mich. Bitte nimm ihn fort!'

Bald danach sollte ich einen Vortrag im Trinity Auditorium halten. Ich spürte, dass mir der Mantel an diesem Abend genommen werden würde, und leerte deshalb die Taschen aus. Nach dem Vortrag war der Mantel verschwunden. Was für eine Erleichterung!

Aber dann erspähte ich etwas, das nicht verschwunden

war. ‚Göttliche Mutter‘, betete ich, ‚du hast den Hut vergessen!‘"

## Die Henkersmahlzeit

Während der letzten Lebensmonate des Meisters schenkte ihm jemand einen teuren Cadillac, den er mehrmals als seine „Henkersmahlzeit" bezeichnete.

„Wisst ihr", erklärte er, „wenn jemand zum Tod durch Erhängen verurteilt wurde, wird ihm vor seiner Hinrichtung traditionell das bestmögliche Abendessen serviert. Die Göttliche Mutter wollte mir zum Abschied etwas Besonderes schenken, denn meine Arbeit in diesem Leben ist beendet."

## Die Glücksbank

Dein mühsam verdientes Geld, das du zur Sicherheit bei einer Bank deponiert hast, kann durch die Insolvenz dieser Bank vollständig verloren gehen, aber dein gut bewachtes spirituelles Glück, das du auf der Bank deiner festen, unumstößlichen Entschlossenheit angelegt hast, kann niemals verloren gehen, sondern wird immer an Wert zunehmen.

Du bist nicht nur Angestellter, Präsident und Direktor deiner eigenen Glücksbank, sondern auch ihr Investor.

Wenn du weißt, wie man die verschiedenen Rollen spielt, und dein Glücksguthaben ständig neu erschaffst, bewahrst und auffüllst, dann kann es für dich und deine ganz eigene Glücksbank niemals eine Insolvenz geben.

## ~ 4 ~

## *Porträt eines Geschäftsmannes*

Der Geschäftsmann eilt zu seinem Büro, stürmt hinein, setzt sich auf seinen Stuhl und fängt an, sich auf irgendein schwieriges Problem zu konzentrieren. Das laute Geräusch der Schreibmaschine seiner Sekretärin stört ihn. Er herrscht sie an, sie solle damit aufhören, aber einen Augenblick später erkennt er, dass er den Brief braucht, den sie gerade tippt, und fährt sie erneut an, dass sie weitermachen solle. Dann zündet er sich seine allmorgendliche Zigarre an. Jeden Tag beschließt er, demnächst mit dem Rauchen aufzuhören, weil er weiß, dass es eine sinnlose und teure Angewohnheit ist, aber er setzt seinen Entschluss nie in die Tat um.

Er versucht, weiter über das Problem nachzudenken, vor dem er steht, aber seine überreizten Nerven zerren an seiner Konzentration. Schließlich wirft er die Zigarre in den Aschenbecher, hört auf zu tippen und weist seine Sekretärin ab, als sie ihm einige Rechnungen bringt, die bezahlt werden müssen.

Er herrscht die nach außen hin respektvolle und innerlich lachende Sekretärin an: „So haben Sie doch Erbarmen!

Können Sie nicht sehen, dass ich versuche, ein großes Geschäft abzuschließen?" Während er versucht, sich wieder zu konzentrieren, außerstande, das Problem zu lösen, nickt er ein. Er sinkt in einen immer tieferen Schlaf, während seine Sekretärin sich glücklich zum Mittagessen davonstiehlt. Er wacht auf, um festzustellen, dass er seinen Zug verpasst und seinen Termin versäumt hat und dass infolgedessen sein großes Geschäft geplatzt ist. Dieser Geschäftsmann kennt die Kunst der Konzentration nicht.

Ein ganz normaler erfolgreicher Geschäftsmann nutzt nur ungefähr fünfundzwanzig Prozent seiner Konzentrationskraft. Ein Schüler dieser Lektionen kann seine Konzentrationsfähigkeit dagegen zu hundert Prozent entwickeln und sie nutzen, um erfolgreich zu sein.

~ 5 ~

## Der Egoist macht viel Lärm

Der egoistische Mensch hat viel Zeit, mit anderen über seine Größe zu sprechen, weil er nicht damit beschäftigt ist, große Taten zu vollbringen. Der große Mensch ist dagegen bescheiden, weil er so sehr damit beschäftigt ist, große Dinge zu vollbringen, dass er keine Zeit hat, über seine Größe zu sprechen.

Der Egoist macht wie ein leeres Gefäß viel Lärm, während der bescheidene Mensch einem Fass gleicht, das mit dem kostbaren Wein der Weisheit gefüllt ist.

# ~ 6 ~

## *Falsche Identität*

„Intuition muss von Selbstvertrauen unterschieden werden. Echte Intuition kann niemals irren, aber es gibt psychische Zustände, die sich als Intuition maskieren und Schwierigkeiten verursachen können.

Ich bin auf einer Farm einmal einem Mann begegnet, dessen Intuition nur halb entwickelt war und der jeden mit der Zurschaustellung seiner ‚Intuition' nervte. Er versuchte es auch einige Male bei mir, bis ich von seinen halbintuitiven Methoden die Nase voll hatte und beschloss, ihn zu erhellen.

Als wir eines Tages im Wohnzimmer seiner Farm saßen, hörten wir ein Klopfen an der Eingangstür und ich fragte meinen halbintuitiven Freund: ‚Würden Sie mir bitte sagen, wer an der Tür ist?'

Er antwortete sofort: ‚Es ist mein Onkel, der nach vielen Jahren wieder nach Hause gekommen ist und mir nicht geschrieben hat, dass er kommt.' Die Tür wurde geöffnet und der Onkel trat ein. Als er befragt wurde, sagte er, er sei ganz plötzlich und ohne vorherige Ankündigung gekommen.

Mein Freund rief triumphierend aus: ‚Sehen Sie, ich besitze eine voll entwickelte und nicht nur eine halb entwickelte Intuition, wie Sie oft sagen!'

Ich mahnte ihn: ‚Mein Freund, sehen Sie sich vor oder Sie werden sich früher oder später fürchterlich blamieren. Sie haben immer ein geringes Maß an Intuition besessen, aber Sie haben sich in dieser Technik nicht geübt, um sie so weit zu entwickeln, dass Sie sich zu hundert Prozent darauf verlassen können.' Er lachte mich aus, aber schon bald danach hatte ich die Gelegenheit, ihn auszulachen. Mein boshaftes Gebet wurde nämlich erhört.

Eines trostlosen, regnerischen Tages saßen wir erneut im Wohnzimmer seines Hauses, als es plötzlich laut an der geschlossenen Tür klopfte. Ich sagte zu meinem Freund: ‚Bitte setzen Sie Ihre halb entwickelte Intuition ein und sagen mir, wer klopft.'

Er konzentrierte sich einen Moment und sagte dann: ‚Mein Bruder ist unerwartet gekommen. Öffnen Sie die Tür.'

Ich lachte ihn aus und antwortete: „Nein, ich nicht! Ich würde jetzt nicht in die Nähe der Tür gehen. Meine Intuition sagt mir, dass ich es nicht tun soll. Sie sollten die Tür lieber selbst öffnen.'

Mit diesen Worten lief ich zur anderen Seite des Zimmers. Er öffnete die Tür und herein stürmte der Bulle der Farm mit seinen bedrohlichen Hörnern, der wütend Schutz vor dem Regen suchte. Mein Freund sprang panisch zur Seite und der Bulle rannte hinter mir her. Ich war natürlich darauf vorbereitet, machte einfach einige Schritte zur Seite und rief laut aus: ‚Mein Freund, Ihre halb entwickelte Intuition war tatsächlich richtig: Ihr Bruder ist gekommen.'

# Der große Frosch
## und der kleine Frosch

„Ein großer, dicker Frosch und ein kleiner Frosch fielen zusammen in eine Milchkanne mit hohen, schlüpfrigen Wänden. Sie schwammen stundenlang darin herum und versuchten, wieder herauszukommen. Der große Frosch stöhnte schließlich erschöpft: ‚Kleiner Bruder Frosch, ich kann nicht mehr!‘, und sank auf den Boden der Kanne.

Der kleine Frosch dachte: ‚Wenn ich aufgebe, werde ich sterben, also muss ich weiterschwimmen.‘ Zwei Stunden vergingen und der kleine Frosch glaubte, nicht mehr weiterzukönnen. Als er aber an seinen toten Froschbruder dachte, raffte er sich entschlossen auf und sagte sich: ‚Aufgeben bedeutet den sicheren Tod. Ich werde weiterpaddeln, bis ich sterbe, falls der Tod tatsächlich kommen sollte, aber ich werde den Versuch nicht aufgeben, denn solange es Leben gibt, gibt es auch Hoffnung.‘

Berauscht von seiner Entschlossenheit, paddelte der kleine Frosch weiter. Nach vielen Stunden, als er vor Erschöpfung wie gelähmt war und nicht mehr weiterpaddeln konnte, spürte er plötzlich einen großen Klumpen unter seinen Füßen. Sein unaufhörliches Paddeln hatte die Milch zu Butter werden lassen! Auf dem Butterklumpen stehend, sprang der kleine Frosch voller Freude aus der Milchkanne in die Freiheit.

Denkt daran, dass wir alle uns wie die beiden Frösche in der schlüpfrigen Milchkanne des Lebens befinden und versuchen, uns von unseren Schwierigkeiten zu befreien. Die meisten Menschen geben den Versuch auf und scheitern wie der große Frosch. Aber wir müssen lernen, wie der kleine Frosch unsere Anstrengung beharrlich auf ein einziges Ziel ausgerichtet zu halten. Dann eröffnen wir uns mithilfe unserer von Gott gelenkten, unnachgiebigen Willenskraft eine Chance und sind in der Lage, aus der Milchkanne unserer Prüfungen heraus auf den festen Boden ewigen Erfolges zu hüpfen. Dadurch, dass wir nicht aufgeben, entwickeln wir Willenskraft und sind bei allem, was wir unternehmen, erfolgreich."

## ~ 8 ~
### Die magische Karotte

In alten Zeiten lebte in Indien einmal eine sehr streitsüchtige Frau. Sie hieß Kalaha, was auf Bengali so viel wie „Streit" bedeutet. Kalaha begann schon beim geringsten Anlass mit jedem zu streiten und konnte gute Taten nicht ertragen.

Die Zeit verging und Kalaha wurde immer gemeiner und bösartiger. Schließlich stieß der Engel des Todes sie aus ihrem Körper heraus. Ihr Astralkörper begann daraufhin die Wendeltreppe der Düsternis in den tiefsten Bereich unterweltlicher Finsternis hinabzusteigen und sie landete mit einem dumpfen Aufprall auf dem dampfspeienden Grund der Hölle. In großem Schrecken und großer Angst bat sie laut rufend um Barmherzigkeit, als sie sah, dass der Engel des Todes sie an diesem trostlosen Ort zurückließ, an dem sündige Schattengestalten in Qual und Verzweiflung lebten.

Angezogen von dem lauten, wehklagenden Geschrei der bösen Frau kehrte Yama, der Engel des Todes, zurück und sprach sie an: „Kannst du dich denn nicht wenigstens an eine *einzige* gute Tat erinnern, die du während deines irdischen Lebens getan hast, damit ich dich aus diesem schrecklichen Ort befreien kann, an den es dich aufgrund deiner eigenen Fehler verschlagen hat?"

Die böse Frau überlegte eine Weile. Nach langer innerer Suche rief sie aus: „Oh, ja, Eure Majestät, ich erinnere mich tatsächlich an eine gute Tat, die ich getan habe. Ich hatte einmal einen Bund Karotten. Ich wollte sie alle aufessen, als ich entdeckte, dass eine davon einen Wurm enthielt, und so gab ich diese wurmstichige Karotte jemand anderem. Es kann sogar sein, dass ich vorgeschlagen habe, er solle nur den guten Teil essen und den Rest wegwerfen, ohne den Wurm zu töten."

„Das genügt", sagte Yama. Er wedelte mit der Hand und die fragliche Karotte schwebte durch die Luft auf die sündige Frau zu. Yama sprach weiter: „Böse Seele, ergreife diese Karotte und halte dich daran fest. Wenn du deinen Griff nicht lockerst, wird sie dich hinauf in den Himmel bringen."

Die Frau griff gierig nach der Karotte und begann ihren Aufstieg gen Himmel. Als ein anderer Sünder das sah, griff er nach ihrem Bein, ein zweiter Sünder griff nach dem Bein des ersten Sünders und ein dritter Sünder hielt sich an den Beinen des zweiten fest, bis schließlich eine

Kette von hundert Sündern von den Füßen der bösen Frau herabhing. Die magische Karotte begann mit der bösen Frau und der Kette aus hundert Sündern wie eine Rakete steil nach oben gen Himmel zu steigen.

Die böse Frau war außer sich vor Freude darüber, dass sie so mühelos den Händen der nachtodlichen Gerechtigkeit entronnen war. Dann spürte sie ein Ziehen an den Füßen, schaute nach unten und erkannte, dass eine lange Kette von Sündern zusammen mit ihr gen Himmel flog. Die Erkenntnis, dass sie alle von dieser Freifahrt profitierten, machte sie wütend. Sie konnte den Gedanken nicht ertragen, dass noch jemand außer ihr die Gunst des Todesengels gewinnen sollte. Wutentbrannt schrie sie: „Ihr unwürdigen Sünder, lasst meine Füße los! Wie könnt ihr es wagen, mit meiner verzauberten Karotte gen Himmel zu steigen?"

Sie trat nach den anderen Sündern und ließ dabei die Karotte los. Und so stürzte sie, und die ganze Kette der Sünder mit ihr, abwärts durch den Raum und landete mit einem dumpfen Aufprall wieder auf dem Grund der Hölle.

Die Moral der Geschichte ist, dass selbst ein kleiner Akt der Güte ein winziges Rettungsfloß sein kann, das uns über den heimtückischen Schlund der Sünde hinwegträgt, dass aber jemand, der den Wein der Selbstsucht trinkt und auf dem kleinen Boot der Gemeinheit tanzt, im Ozean der Unwissenheit versinkt. Selbstsüchtiges Glück, welches das Wohlergehen anderer nicht ertragen kann, muss zwangsläufig scheitern.

## Kapitel 6
DIE PRAXIS DER RELIGION

## ∼ 1 ∼

## „Möge der Berg versetzt
## und ins Meer gestürzt werden"

„Meister", fragte ich Yogananda eines Tages, „was ist Glaube? Und wie kann man ihn entwickeln?"

„Glaube", lautete seine Antwort, „kommt durch direkte, persönliche Erfahrung. Das meinte der Heilige Paulus, als er sagte: ‚Glaube ist das Überzeugtsein von Dingen, die man nicht sieht.' Je tiefer deine Erfahrung der Wahrheit ist, umso größer wird dein Glaube sein.

Es war einmal ein Mann, der in der Bibel gelesen hatte, dass, wenn jemand ausreichend Glauben besitzt, er zu einem Berg sagen kann: ‚Heb dich empor, und stürz dich ins Meer!', und es wird geschehen. ‚Wie wunderbar!', dachte der Mann. ‚Es hat mich immer gestört, dass der Berg vor meinem Fenster mir die Sicht auf den schönen See auf der anderen Seite versperrt. Ich will den Berg durch meinen Glauben versetzen.'

An diesem Abend betete er ernsthaft: ‚Möge der Berg versetzt und ins Meer gestürzt werden.' Dann ging er ins Bett. Am nächsten Morgen eilte er als erstes zum Fenster, um zu sehen, was geschehen war. Der Berg hatte sich um keinen Zentimeter bewegt.

‚Ich wusste, dass du immer noch da sein würdest!', rief er.

So ist der ‚Glaube' der meisten Menschen. Sie haben keinen Glauben. Sie haben lediglich eine Überzeugung."

## ~ 2 ~

### *Die heilige Teresa von Avila,*
### *Freundin Jesu*

Der Meister erzählte sehr gerne die folgende Geschichte:
„Die Heilige Teresa von Avila überquerte zusammen mit
einigen Nonnen einen Fluss. Sie waren unterwegs, um ein
neues Kloster zu gründen. Teresa war zu jener Zeit schon
alt und gebrechlich.

Plötzlich wurde das Pferd, auf dem sie saß, vom Strom
mitgerissen, der durch heftige Regenfälle angeschwollen
war. Ihre Nonnen waren hilflos und konnten sie nicht vor
dem Ertrinken retten. Sie waren sicher, dass sie verloren
war.

Teresa sah plötzlich Jesus Christus am gegenüberliegen-
den Ufer stehen. Im Nu fand sie sich vor ihm stehend wieder, vollkommen trocken.

‚Sei guten Mutes, Teresa!‘, sagte Jesus. ‚So behandle ich
alle meine Freunde!‘

Teresa antwortete fröhlich: ‚Deshalb, Herr, habt Ihr so
wenige!‘

Das war eine geistreiche Antwort, aber welche Wahrheit
lag darin!"

## ~ 3 ~

## *Die Hundert-Dollar-Note*
## *auf dem Kollektenteller*

Der Meister erzählte einmal die Geschichte eines Mannes, der in der Kirche eine Hundert-Dollar-Note auf den Kollektenteller legte und sich dann darüber aufregte, dass Gott sein Gebet nicht erhörte. Lachend erklärte der Meister: „Gott *war* bereits diese Hundert-Dollar-Note – ob nun auf dem Kollektenteller oder woanders! Warum sollte es ihn kümmern, wohin sie gelegt wurde?"

## ~ 4 ~

## *Billy Sunday und der heilige Petrus*

Mit großer Heiterkeit dichtete Yogananda manchmal eine Geschichte aus dem Buch *Heavenly Discourse* von Charles E. Wood um. Seine Fassung lautete etwa so: „Als der berühmte Evangelist Billy Sunday starb und gen Himmel fuhr, wollte der heilige Petrus ihm nicht erlauben, die Himmelspforte zu durchschreiten, sondern fragte ihn stattdessen: ‚Was hast du auf Erden getan, um Einlass zu verdienen?' ‚Wie bitte?', begehrte Billy Sunday auf. ‚Und was ist mit den vielen tausend Leuten, die ich in meinen evangelistischen Veranstaltungen hier heraufgeschickt habe?' ‚Du magst sie geschickt haben', gab der heilige Petrus zurück, aber sie sind nie angekommen!'"

# Der Wunderwirkende

Ein großer Weiser lebte demütig mit seiner Frau, seiner Tochter und einem Sohn, der sehr der Spiritualität zugetan war. Der Weise verbarg seine großen spirituellen Errungenschaften vor anderen Menschen hinter einer Fassade vorgetäuschter Weltlichkeit. Manche spirituelle Menschen, die Gottes Liebe als ihren höchsten und heiligsten Besitz erachten, halten diese Liebe vor weltlichen Augen verborgen.

Der Sohn entwickelte eine große Sehnsucht nach Spiritualität. Obwohl sein Vater ihn anflehte, zu Hause zu bleiben und Gott dort zu finden, verließ der Sohn die Familie, um im Himalaya einen Guru zu suchen. Dort fand er einen tibetischen Wunderwirkenden und blieb zwanzig Jahre lang sein Schüler. Der asketische Sohn erlangte Meisterschaft darin, selbst Wunder zu vollbringen. Aufgeblasen vom Glauben an seine übersinnlichen Kräfte, kehrte er in sein Geburtsdorf zurück. Die Ankunft des Wunderwirkenden rief in dem kleinen Dorf große Aufregung hervor.

Der wunderwirkende Sohn zeigte den Dorfbewohnern großtuerisch seine übersinnlichen Fähigkeiten. Übertriebene Geschichten kamen schließlich auch seinem demütigen, gottverwirklichten Vater zu Ohren. Neugierig sandte der Vater nach seinem Sohn. Als Vater und Sohn einander begrüßten, konnte der Sohn seinen Überlegenheitskomplex nicht verbergen. Er begann, gegenüber dem frommen Vater mit seinen Wundern zu prahlen.

Demütig fragte der Vater: „Sohn, was vermagst du zu tun?"

„Was ich zu tun vermag?", gab der Sohn scharf zurück, ein Lächeln voller Herablassung auf den Lippen. Er führte seinen heiligen Vater zum Ufer des Ganges und rief: „Vater, siehe das Wunder, das ich vollbringen kann!"

Der wunderwirkende Sohn lief rasch über den Fluss zum anderen Ufer und kehrte zurück, ohne dass seine Füße nass wurden.

„Siehst du, Vater, ist das nicht wundervoll?", rief der Sohn.

Der Vater, der bisher gelächelt hatte, wurde sehr ernst und mahnte sanft: „Mein Sohn, ich war lange Zeit von Glück erfüllt, weil ich dachte, du hättest wirklich etwas erreicht, aber jetzt bin ich sehr enttäuscht."

„Wie kannst du es wagen, meine von aller Welt gefeierten Wunder zu verspotten?", schrie der Sohn.

Der Vater antwortete daraufhin: „Mein Sohn, ich sehe, dass du zwanzig kostbare Jahre vergeudet hast, um zu lernen, wie man auf wundersame Weise den Ganges überquert – eine Leistung, die man auch einfach dadurch vollbringen kann, dass man einem Fährmann vier Cent bezahlt. Bitte sag mir, warum du zwanzig Jahre vergeudet hast, nur um vier Cent zu sparen?"

Da erwachte der Sohn aus seinem stolzen Traum und beugte den Kopf vor der Weisheit seines Vaters, der fortfuhr: „Mein Sohn, Wunder mehr zu lieben als die Quelle aller Kräfte, nämlich Gott, *ist ein Irrtum*. Falsche und vergängliche Macht anstelle von ewiger und unendlich großer Macht zu lieben, ist Torheit. Kurzlebige Wunder dem ewigen Wunder der Verbindung zu Gott vorzuziehen, ist Dummheit."

Nach diesen Worten schwieg der Vater und der Sohn verneigte sich vor ihm.

~ 6 ~

## Der schlechte Mensch, dem Gott den Vorzug gab

Gott sandte seinen Erzengel Narada auf eine himmlische Mission, um seine wahren Anhänger auf der Erde zu finden. Als frommer Mensch gekleidet, hatte Narada seine irdische Reise gerade begonnen, als er auf einen ergrauten Einsiedler traf, der eine Reihe von Haltungen und Buß-übungen unter einem Tamarindenbaum praktizierte. Der heilige Narada ging auf den alten Mann zu und sprach: „Wer bist du und was tust du?"

Der Mann antwortete: „Ehrenwerter Herr, mein Name ist Bhadraka. Ich bin ein Einsiedler und praktiziere seit achtzig Jahren eine strenge körperliche Disziplin."

Narada erwiderte: „Nun, ich bin vom Himmel gekommen, um einen wahren Anhänger Gottes zu finden."

Der Einsiedler meinte lachend: „Ehrenwerter, deine Augen blicken gerade auf den größten Anhänger Gottes auf Erden. Ganz gleich, ob es regnet oder die Sonne scheint, praktiziere ich seit achtzig Jahren jede nur erdenkliche Technik geistiger und körperlicher Selbstmarter, um Wissen zu erlangen."

Narada sagte: „Verehrter Einsiedler, ich bin von deiner Hingabe sehr berührt."

„Nun", bellte der Einsiedler daraufhin mit heiserer Stimme, „wenn du Gott das nächste Mal begegnest, dann frage ihn bitte, warum er sich so lange von mir ferngehalten hat."

Der heilige Narada erklärte sich dazu gerne bereit und setzte seine Reise fort.

Irgendwann blieb er stehen, um einen amüsanten Zwischenfall am Straßenrand zu beobachten. Ein völlig betrunkener junger Mann, der einen Zaun bauen wollte, versuchte vergebens, einen Bambuspfahl in ein kleines Loch zu versenken. Vollkommen frustriert fluchte er und schrie laut: „Du nichtsnutziger Gott, wenn du nicht kommst und mir hilfst, diesen Pfosten in das Loch zu stecken, werde ich den Bambus in dein Herz rammen!"

Plötzlich bemerkte der junge Mann in seinem Alkoholrausch, dass der heilige Narada ihn anstarrte, und rief: „He, du Taugenichts, wie kannst du es wagen, mich so anzustarren?"

Der heilige Narada antwortete verdutzt: „Kann ich dir helfen, deinen Bambuspfahl zu setzen?"

Darauf antwortete der betrunkene junge Mann prompt: „Nein, Herr, ich nehme von niemand anderem Hilfe an als von Gott, diesem hinterhältigen Feigling, der mit mir Verstecken spielt, damit er sich davor drücken kann, mir zu helfen!"

Narada sagte ein wenig spöttisch: „Du betrunkener Narr, hast du gar keine Angst davor, Gott zu verfluchen?"

„Nicht im geringsten", lautete die unverzügliche Antwort des jungen Mannes. „Er versteht mich besser als du. Wer bist du?"

„Ich bin ein Engel aus dem Himmel und gekommen, um die wahren Anhänger Gottes auf Erden zu finden."

„Ach, deshalb bist du hier? Nun, dann lege bei Gott ein gutes Wort für mich ein, auch wenn ich ein wenig böse war, und frage ihn, wann er kommt, um mich zu besuchen."

Widerstrebend stimmte Narada dieser Bitte zu, dachte aber bei sich: „Deine Aussicht, Gott zu begegnen, dürfte wohl herzlich gering sein!"

Abgestoßen von dem, was er gerade erlebt hatte, kehrte Narada in den Himmel zurück. Dort kniete er voller Eifer vor dem himmlischen König nieder. Gott bat ihn sanft: „Lieber Narada, berichte mir alles über deinen irdischen Ausflug."

„Nun, mein König", antwortete Narada, „manchmal frage ich mich, ob Ihr zu schwer zufriedenzustellen seid. Wisst Ihr von dem Einsiedler Bhadraka unter dem Tamarindenbaum?"

Gott überlegte eine Weile und erwiderte: „Nein, ich erinnere mich nicht an ihn."

Geliebter Gott, wie ist das möglich? Dieser Mann praktiziert seit achtzig Jahren alle möglichen Formen geistiger Disziplin, um Euch zu gefallen", antwortete Narada.

Aber Gott beharrte darauf: „Es spielt keine Rolle, was der Einsiedler getan hat – er niemals mein Herz berührt. Sonst noch jemand?"

Widerstrebend sagte Narada: „Ich bin einem ...", aber bevor er noch fortfahren konnte, unterbrach ihn Gott und vollendete den Satz: „Du bist einem betrunkenen jungen Mann begegnet."

„Ich bin sehr überrascht, dass Ihr Euch an diesen Mann erinnert, Herr. Vielleicht, weil er Euch mit Bambuspfählen gepiesackt hat."

Gott lachte herzlich und sagte liebevoll: „Oh, mein Narada, sei nicht böse auf mich und sei auch nicht sarkastisch, denn ich werde dir beweisen, welcher der beiden Männer, die du auf der Erde gesehen hast, ein wahrer Anhänger ist."

Gott fuhr fort: „Kehre auf die Erde zurück, gehe zu dem Einsiedler Bhadraka und sage: Ich habe Gott deine Botschaft überbracht, aber er ist gerade sehr beschäftigt, denn er muss eine Million Elefanten durch ein Nadelöhr schicken. Wenn er damit fertig ist, wird er zu dir kommen.' Nachdem du die Antwort des Einsiedlers vernommen hast, gehe weiter zu dem betrunkenen jungen Mann, überbringe ihm die gleiche Botschaft und achte darauf, wie er reagiert. Dann wirst du verstehen."

Als Narada dem alten Einsiedler die Botschaft Gottes überbrachte, geriet Bhadraka in heftigen Zorn und schrie: „Schert euch davon, du und dein Gott und deine ganze verrückte Bande! Wer hat je davon gehört, dass jemand Elefanten durch ein Nadelöhr schickt? Die ganzen achtzig Jahre geistiger Disziplin waren nichts als Torheit. Ich habe genug davon, einem verrückten, nicht existierenden Gott gefallen zu wollen. Ich werde vernünftig und in den mir verbleibenden Jahren so viel Spaß haben, wie ich nur kann!"

Sprachlos angesichts dieser verwunderlichen Äußerungen zog Narada rasch weiter, um den jungen Mann zu besuchen. Er war betrunkener als je zuvor, fluchte mehr als je zuvor und versuchte, einen weiteren Bambuspfahl für den Zaun zu setzen. Kaum aber war Narada auf der Bildfläche erschienen, schien der trunkene Rausch von dem jungen Mann abzufallen und stattdessen war er berauscht vor Freude. Er kam angerannt und rief: „Heiliger Narada, was hat Gott auf meine Frage geantwortet?"

Als der junge Mann die Botschaft Gottes hörte, begann er vor Freude zu tanzen und sagte: „Er, der in einem Augenblick ganze Welten durch ein Nadelöhr schicken kann, wenn er es will, hat die Elefanten bereits durch das Nadelöhr geschickt. Er wird jeden Moment bei mir sein. Wenn er kommt, wird meine Liebe zu ihm mich meine Alkoholsucht und alle meine bösen Taten vergessen lassen."

Der junge Mann tanzte in himmlischer Ekstase und Narada schloss sich ihm an, und schon bald stellten sie fest, dass Gott in ihrer Mitte tanzte.

Diese Geschichte zeigt, dass es nicht darauf ankommt, wie viele Jahre du zur Kirche gegangen bist oder gute Werke getan hast. Wenn du Gott nicht liebst, wird er sich dir niemals offenbaren.

Und auch wenn du es trotz aller Bemühungen nicht geschafft hast, schlechte Gewohnheiten aufzugeben, wird er sich dir offenbaren, wenn du dich zutiefst an seiner Liebe berauscht hast. Wenn seine Gegenwart heraufdämmert, wird die Dunkelheit deiner schlechten Gewohnheiten aus deiner Seele weichen.

Kapitel 7
KONZENTRATION
UND MEDITATION

## ~ 1 ~
## *Der Staubsauger und die Meditation*

Ebenso wie du nicht meditieren kannst, wenn ein Staubsauger neben dir lärmt, kannst du auch nicht tief meditieren, während du von den Geräuschen deines Herzens oder deiner Lunge geplagt wirst, die in deinem Körper strömen und wirbeln, um den „Schmutz" des venösen Blutes abzutransportieren. Es kann dir erst dann gelingen, wenn du sie durch die Beobachtung deines Atems zum Schweigen gebracht hast.

## ~ 2 ~
## *Eine Dame versucht zu meditieren*

Der nachfolgend geschilderte, vergebliche Versuch veranschaulicht eine weitverbreitete, aber ineffektive Methode der Meditation. Die Szene spielt sich an einem Wintertag gegen vierzehn Uhr in einem Apartment ab.

Eine Dame kommt herein, lässt die Jalousien herunter und setzt sich rasch auf einen Stuhl mit gerader Lehne, um zu meditieren. Kaum hat ihr Körper den Stuhl berührt, als sie auch schon ausruft: „Meine Güte, der Sitz ist wirklich zu hart. Ich muss mir ein Kissen holen!" Kaum sitzt sie auf dem Kissen, als sie plötzlich bemerkt, dass der Stuhl übel knarrt und ihre beginnende Meditation stört. Also nimmt sie ihr Kissen und setzt sich auf einen anderen Stuhl.

„Nun stimmt endlich alles und ich kann genussvoll in die Tiefen der Meditation eintauchen." Aber nur einen Augenblick später, als sie gerade im Begriff ist, sich zu versenken, hört sie ein lautes Klopfen aus dem überhitzten Heizkörper kommen. Zähneknirschend schaltet sie den Heizkörper aus. Verärgert ist sie nun erst recht entschlossen, ins Herz der Meditation einzutauchen.

Kurz darauf beginnt jemand im Apartment nebenan Klavier zu spielen. Aufgebracht denkt sie: „Ausgerechnet jetzt, wo ich mich hinsetze, um zu meditieren, geht dieses schreckliche Geklimper wieder los."

Als sich im Halbdunkel des Zimmers ihre Wut allmählich wieder legt, denkt sie: „Das ist ein ziemlich gutes Klavier. Es müsste nur ein wenig gestimmt werden." Dann kommt die Erinnerung an das Klavier ihrer Großmutter aus Kindertagen in ihr hoch – ihre liebe Großmutter, die sie immer vor der Strenge ihrer Eltern beschützt hat … und es folgen weitere liebevolle Gedanken an ihre Großmutter.

Plötzlich schreckt sie aus ihrer Träumerei auf und erinnert sich: „Ich muss Stille üben, ich muss mich konzentrieren." Nachdem sie ihren Geist wegen seiner Ruhelosigkeit zurechtgewiesen hat, versucht sie also würdevoll und mit recht lädierter Selbstkontrolle erneut zu meditieren.

Sie hat gerade die Augen wieder geschlossen, als plötzlich das Telefon mit nervtötender Hartnäckigkeit zu klingeln beginnt. Sie holt tief Luft und sagt sich zähneknirschend: „Ich werde nicht rangehen. Du kannst krähen, solange du willst, du blödes Telefon!" Aber das unverschämte Klingeln will einfach nicht aufhören.

„Vielleicht ist es ein wichtiger Anruf", sagt sie sich.

„Hallo – was wollen Sie? Hier ist Somerville 2924 …" Bei der Antwort „Falsch verbunden" knallt sie den Hörer ärgerlich auf die Gabel.

Nachdem diese harte Geduldsprobe überstanden ist, nimmt sie ihren Mut zusammen und versucht erneut, sich zu konzentrieren, während sie wutentbrannt denkt: „Ich werde dieses Telefon endgültig zum Schweigen bringen. Dann wird es mich nicht mehr stören." Sie will das Kabel gerade mit einer Schere durchschneiden, als sie an die Unannehmlichkeiten denkt, die sich daraus ergeben könnten. Deshalb ändert sie ihren Entschluss und schiebt stattdessen ein Stück Pappe zwischen Hammer und Klingel des Telefons.

Siegreich nimmt sie danach erneut Platz, um zu meditieren. Einige weitere Minuten vergehen und nach ihrem Kampf mit der Heizung, dem Klavierlärm und dem Telefon döst sie ein. Als sie sich beim Schlafen ertappt, setzt sie sich halb beschämt wieder aufrecht hin und beginnt erneut zu meditieren. Postwendend läutet es an der Tür. Sie sagt sich wieder: „Ich werde nicht öffnen!"

Es läutet immer weiter, bis sie erneut denkt: „Vielleicht ist es wichtig." An der Tür setzt sie ein einstudiertes Lächeln auf, als sie ihre drei Freundinnen begrüßt, die Meisterinnen im Tratschen und Klatschen sind, und sprudelt hervor: „Wie geht es euch? Kommt herein, meine Lieben. Ich freue mich so, dass ihr gekommen seid!" Ihr gezwungenes Lächeln verbirgt das stumme Flüstern: „Ihr Nervensägen, wann geht ihr wieder, damit ich meditieren kann?"

Drei Stunden vergehen wie im Flug, während sie ausgelassen über die Torheit ihrer drei tratschenden Freundinnen lacht. Endlich schließt sich die Tür hinter ihnen und voller Erleichterung setzt sich die Dame erneut hin, um den Thron der Stille zu finden, aber ihre Aufmerksamkeit wird von Gedanken an Heizkörper, Klavierlärm, Telefonklingeln und Klatschbasen bedrängt. Sie schaut auf ihre Uhr und denkt mit einem resignierten Seufzen: „Ich gebe auf. Es scheint, dass ich heute nicht meditieren kann. Jetzt muss ich das Abendessen vorbereiten."

Diese Erfahrung ist nur ein Beispiel dafür, was den meisten Menschen widerfährt, wenn sie zu meditieren versuchen. Gott antwortet auf die Gebete seiner Kinder mit der Stimme der Stille und des Friedens, aber meist geht seine Stimme im Klingeln der Telefone, in Sinneseindrücken wie Riechen, Berühren, Schmecken, Hören und Sehen und im Lärm der durch diese Sinneseindrücke und Erinnerungen wachgerufenen Gedanken unter. Traurig wendet Gott sich ab.

~ 3 ~

## Die Affenhorde im Kopf

Tej Bahadur, ein erfolgreicher junger Geschäftsmann aus Indien, gab beträchtliche Geldsummen für seine Geschäftsreisen nach London aus. Da er sehr sparsam war, suchte er ständig nach neuen Wegen, um Geld zu sparen.

Einer seiner Freunde, der seine Sparsamkeit kannte, eilte eines Tages auf ihn zu und überschüttete ihn mit einem Schwall aufgeregter Worte: „Tej Bahadur, komm mit zum

Ufer des Ganges", sagte er. „Ich habe einen Mann gefunden, der levitieren und auf dem Wasser gehen kann und der bereit ist, einen würdigen Schüler seine Methode zu lehren."

Tej Bahadur war von dieser Vorstellung sehr beeindruckt und sagte sich: „Dank sei Gott, dass er mir einen Lehrer geschickt hat, der die Levitation beherrscht. Ich werde ihn darum bitten, mich die Technik zu lehren, denn dann kann ich auf meinen Geschäftsreisen nach Europa sehr viel Geld sparen."

Also ging er zum Flussufer und bat den Meister, ihn die Levitation zu lehren. Der Meister war einverstanden und begann sofort mit seinem Unterricht: „Mein Sohn, verschließe jeden Abend die Tür zu deinem Schlafzimmer, dämpfe das Licht und sitze aufrecht auf einem Stuhl mit gerader Lehne, der nach Osten ausgerichtet ist. Schließe die Augen und singe eine Stunde lang den heiligen Ton AUM. Nach einem Monat wirst du in der Lage sein, über das Wasser zu laufen."

Der Geschäftsmann dankte dem Meister für die Lehrstunde und war schon im Begriff, nach Hause zurückzukehren, als der Meister ihn noch einmal zurückrief und ihn sanft mahnte: „Mein Sohn, eine Sache habe ich vergessen, dir zu sagen. Du darfst unter keinen Umständen an Affen denken, während du im Geist das AUM singst." „Das ist leicht", antwortete der Geschäftsmann. „Natürlich werde ich nicht an Affen denken." Er grüßte den Heiligen ehrerbietig und kehrte nach Hause zurück.

Als der Abend kam, schloss Tej Bahadur die Fenster, zog die Jalousien herunter und setzte sich auf einen Stuhl mit gerader Rückenlehne, um die Technik des Meisters zu üben. Der erste Gedanke, der ihn wie ein Blitzstrahl traf, war: „Ich darf nicht an Affen denken."

Zwei Minuten vergingen und mehrmals ermahnte er sich: „Ich darf nicht an Affen denken." Als zehn Minuten vergangen waren, hatte er an all die verschiedenen Affenarten in Südamerika, Indien, Afrika und Sumatra gedacht. Er war wütend. Er versuchte mit aller Willenskraft, jeden Gedanken an Affen aus seinem Kopf zu verbannen, aber sie sprangen durch das Fenster seines hilflosen Geistes zu ihm herein. Nach einer Stunde dachte er an nichts anderes mehr als an Affen. In den darauffolgenden Tagen meditierte er getreulich, stellte aber zu seiner großen Verärgerung fest, dass er ständig panisch versuchte, nicht an die vielen Millionen Affen zu denken, die in seinen Geist gesprungen kamen.

Nachdem er sich einen Monat auf die verbotenen Affen konzentriert hatte, rannte der Geschäftsmann außer sich und von ohnmächtiger Wut erfüllt zurück zu seinem Meister und schrie lautstark: „Meister, nehmt Eure Lektion über das Levitieren wieder zurück. Ich will nicht mehr lernen, auf dem Wasser zu gehen. Statt mich zu lehren, wie man levitiert, habt Ihr mir beigebracht, über Affen zu meditieren. Dank Euch habe ich jetzt eine Affenhorde im Kopf!"

Der heilige Mann bog sich vor Lachen und sagte tröstend: „Mein Sohn, ich musste dir zeigen, wie wenig geschult deine Konzentrationskraft ist. Ehe du nicht lernst, wie du deinen Geist dazu bringen kannst, dir zu gehorchen, kannst du nicht erfolgreich sein, geschweige denn, die Kraft der Levitation erlangen. Lerne zuerst, die Kontrolle über deinen Geist zu gewinnen, und nutze diese Kraft dann, um kleine Dinge zu erreichen. Wenn du dazu in der Lage bist, versuche dich an immer größeren Dingen, bis deine innere Kraft hinreichend entwickelt ist, um dich in die Luft zu erheben oder noch größere spirituelle Wunder zu vollbringen."

## ~ 4 ~

### *Der Mann, der zum Büffel wurde*

An einem Berghang lag eine behagliche Einsiedelei, in der ein großer Meister mit einem hingebungsvollen Schüler lebte. Jeden Tag bat der Meister seinen Schüler, sich in einer vollendeten Meditationshaltung aufrecht hinzusetzen und seinen Lehren mit tiefer Aufmerksamkeit zu lauschen.

Eines Tages bemerkte der Meister, dass sein junger Schüler unruhig und geistesabwesend war, und sprach ihn freundlich an. „Mein Sohn, dein Geist ist nicht bei meinen Worten. Was ist der Grund für deine Zerstreutheit?"

Der Schüler antwortete respektvoll: „Ehrenwerter Meister, ich kann mich heute nicht auf Eure Lektion konzentrieren, weil ich die ganze Zeit an meinen neu erworbenen zahmen Büffel denken muss, der auf der Weide im Tal grast."

Statt den Schüler für sein Verhalten zu tadeln, bat ihn der Meister ruhig, sich in einen kleinen Raum zurückzuziehen, die Tür zu schließen und an nichts anderes als an den Büffel zu denken. Ein Tag verging. Am nächsten Morgen sah der Meister nach seinem Schüler und fragte: „Mein Sohn, was tust du?"

„Herr, ich beobachte den Büffel, wie er auf dem Feld grast. Soll ich jetzt herauskommen?"

„Nein, mein Sohn, noch nicht. Erfreue dich weiter an deinem Büffel."

Ein weiterer Tag verging. Am dritten Morgen sah der Meister wieder nach seinem Schüler und fragte: „Geliebtes Kind, was tust du?" Darauf antwortete der Schüler in einem Zustand der Ekstase: „Himmlischer Meister, ich sehe den Büffel in meinem Zimmer und füttere ihn. Soll ich mit meinem Büffel zu Euch kommen?"

„Noch nicht, mein Sohn. Widme dich weiter der Vision, dass du den Büffel fütterst."

Weitere zwei Tage vergingen mit der Meditation auf den Büffel. Am fünften Tag sprach der Guru erneut zu seinem Schüler: „Mein Sohn, sage mir bitte, was du jetzt tust?"

Der Schüler antwortete mit tiefer, brüllender Stimme: „Was soll das heißen? Ich bin nicht Euer Son. Ich bin ein Büffel."

Als er das hörte, lächelte der Meister und antwortete: „In Ordnung, Büffel, du kannst jetzt herauskommen."

„Wie soll ich durch diese enge Tür kommen?", grollte der Schüler. „Mein Körper ist zu groß und meine Hörner sind zu breit." Daraufhin betrat der Meister den kleinen Raum, berührte den „Büffel" und weckte ihn aus seiner Trance. Der Schüler lächelte, als er feststellte, dass er wie das Objekt seiner Meditation auf allen Vieren lief.

Dann kehrte der Schüler zu seinem Meister zurück, um seinen Worten zu lauschen. Der Meister stellte ihm viele tiefgründige spirituelle Fragen, die der Schüler alle richtig beantwortete, was zuvor noch nie der Fall gewesen war. Schließlich sagte der Guru: „Nun ist deine Konzentration vollkommen. Du und dein Geist können mit dem Objekt der Meditation eins werden."

## ~ 5 ~
## *Der Löwe, der zum Schaf wurde*

Eine Löwin, hochträchtig mit einem ungeborenen Löwenkind, wurde aus Mangel an Nahrung immer schwächer. Da das Kind in ihr immer schwerer wurde, konnte sie sich nicht mehr schnell genug bewegen, um Beute zu machen.

Brüllend vor Hunger und Traurigkeit und schwerfällig durch das Kind in ihrem Leib, schlief die Löwin schließlich am Waldrand nahe einer Weide ein. Während sie schlief, träumte sie von einer grasenden Schafherde. Als sie im Traum eines der Schafe ansprang, schreckte sie auf und wurde wach. Überrascht und voller Freude stellte sie fest, dass ihr Traum wahr war: Eine große Schafherde graste auf der Weide direkt in ihrer Nähe.

Das ungeborene Kind in ihrem Leib vergessend und vom Wahnsinn des Hungers getrieben, stürzte die Löwin sich auf eines der jungen Lämmer und schleppte es in die Tiefen des Waldes. Sie bemerkte nicht, dass sie durch die enorme Anstrengung des Sprungs ihr Kind geboren hatte.

Die Schafe waren durch den Angriff der Löwin vor Angst so gelähmt, dass sie nicht daran dachten, die Flucht zu ergreifen. Als die Löwin verschwunden war und die Panik sich gelegt hatte, erwachten die Schafe aus ihrer Erstarrung. Sie wollten gerade in blökendes Wehklagen über das verlorene Lamm ausbrechen, als sie zu ihrem großen Erstaunen das Löwenbaby entdeckten, das hilflos in ihrer Mitte lag. Eines der Mutterschafe erbarmte sich des Löwenkindes und nahm es an Kindes statt an.

Der junge Löwe wuchs also inmitten einer Schafherde auf. Die Jahre vergingen und inmitten der Schafherde streifte ein riesiger Löwe mit langer Mähne und langem Schwanz umher, der sich genauso verhielt wie ein Schaf. Der Schafslöwe blökte, statt zu brüllen, und fraß Gras anstelle von Fleisch. Er ernährte sich vegetarisch und sein Verhalten glich dem eines schwachen, sanftmütigen Lamms.

Eines Tages spazierte ein anderer Löwe aus dem nahegelegenen Wald auf die Weide und entdeckte die Schafherde. Hocherfreut und von Hunger getrieben, verfolgte der große Löwe die fliehenden Schafe, als er zu seiner Verblüffung einen riesigen Löwen erspähte, der mit hoch in die Luft gerecktem Schwanz und voller Geschwindigkeit vor der Herde herrannte.

Der ältere Löwe hielt einen Moment inne, kratzte sich am Kopf und dachte: „Ich kann verstehen, dass die Schafe vor mir fliehen, aber ich verstehe beim besten Willen nicht, warum dieser kräftig gebaute Löwe bei meinem Anblick die Flucht ergreift. Der Löwe interessiert mich." Er ignorierte seinen Hunger, rannte dem flüchtenden Löwen nach und sprang ihn an. Der Schafslöwe fiel vor Angst in Ohnmacht. Der große Löwe war noch verwirrter und gab dem Schafslöwen einige kräftige Ohrfeigen mit seiner Pranke, um ihn aus seiner Ohnmacht zu wecken. Mit tiefer Stimme tadelte er ihn: „Was ist mit dir los? Warum fliehst du vor mir, mein Bruder?"

Der Schafslöwe schloss die Augen und blökte in der Schafsprache: „Bitte lass mich gehen. Töte mich nicht! Ich bin nur ein Schaf, das bei der Schafherde dort drüben aufgewachsen ist."

„Jetzt verstehe ich, warum du blökst." Der große Löwe dachte erneut nach und da kam ihm eine großartige Idee. Er fasste den Schafslöwen mit seinen mächtigen Kiefern bei der Mähne und zerrte ihn zu einem See am Ende der Weide. Als der große Löwe das Seeufer erreichte, hielt er den Kopf des Schafslöwen über das Wasser, sodass er sich darin spiegelte. Er schüttelte den Schafslöwen, der die Augen immer noch fest geschlossen hielt, und sagte: „Öffne die Augen! Schau hin! Du bist kein Schaf."

„*Mäh, mäh, mäh*. Bitte töte mich nicht. Lass mich gehen. Ich bin nur ein armes, sanftmütiges Schaf", jammerte der Schafslöwe.

Der große Löwe schüttelte den Schafslöwen mit aller Kraft. Daraufhin öffnete der Schafslöwe die Augen und stellte verblüfft fest, dass sein Spiegelbild nicht, wie er erwartet hatte, den Kopf eines Schafs zeigte, sondern einen Löwenkopf wie den des Löwen, der ihn mit der Pranke schüttelte. Der große Löwe sagte: „Betrachte mein Gesicht und dein Gesicht, das sich im Wasser spiegelt. Sie sind gleich. Mein Gesicht brüllt. Also! Du musst brüllen, statt zu blöken!"

Der Schafslöwe, endlich überzeugt, versuchte zu brüllen, konnte aber nur schwache, von Blöken unterbrochene

Rufe von sich geben. Als der ältere Löwe ihn mit weiteren Prankenschlägen ermahnte, gelang es dem Schafslöwen schließlich, laut zu brüllen. Dann sprangen beide Löwen über die Weide zurück in den Wald und lebten von nun an unter ihren Artgenossen.

Diese Geschichte schildert sehr treffend, wie die meisten von uns im Schafstall sterblicher Schwäche zur Welt kommen und aufwachsen, obwohl wir nach dem Bild des allmächtigen göttlichen Löwen des Universums geschaffen wurden. Wir blöken vor Furcht, aus Mangel und im Angesicht des Todes wie ein Schaf, statt im Angesicht unserer Macht und Unsterblichkeit wie ein Löwe zu brüllen.

Diese spirituellen Lehren sind der neue Löwe, der euch zum kristallklaren Teich der Meditation zerren und euch so kräftig schütteln wird, dass ihr die geschlossenen Augen eurer Weisheit öffnen und euch als einen göttlichen Löwen erkennen werdet, der nach dem Bild des kosmischen Löwen geschaffen wurde. Diejenigen unter euch, die unaufhörlich danach streben, werden ihre sterblichen Ängste vor Schwäche, Versagen und Tod vergessen und lernen, mit der Kraft allmächtiger Unsterblichkeit zu brüllen.

## Kapitel 8
## GESCHICHTEN AUS SEINEN FRÜHEN JAHREN

## ~ 1 ~

### *Ein neuer Zementboden*

„Zu Beginn meines eigenständigen spirituellen Lebens ließ ich mich mit zwei anderen Jungen in einer kleinen Lehmhütte nieder. Einer der beiden Jungen hatte ungefähr meine Statur: klein und schmächtig. Der andere Junge war ein großer, stämmiger Bursche. Eines Tages sagte ich zu ihnen: ‚Lasst uns im Hauptraum einen Zementboden verlegen.‘

‚Das ist unmöglich!‘, protestierte der große Junge. ‚Wir haben keinen Zement, wir haben nicht die nötigen Werkzeuge, wir haben nicht das nötige Wissen und außerdem haben wir kein Geld. Für diese Arbeit braucht man Erfahrung.‘

‚Wenn wir den festen Vorsatz fassen‘, erwiderte ich, können wir es schaffen.‘

‚Wunschdenken!‘, höhnte er und wandte sich ab, um zu zeigen, was er von diesem Plan hielt.

Am selben Tag gingen der andere Junge und ich zu unseren Nachbarn. Nach und nach trugen wir gespendetes Baumaterial und geliehene Ausrüstung zusammen. Zwei Männer gaben uns außerdem genaue Anweisungen, wie wir den Zement mischen und verlegen sollten. Wir waren die ganze Nacht mit Mischen und Einbauen beschäftigt. Am nächsten Morgen war die Arbeit getan. Später kehrte der große Junge zu unserer kleinen Einsiedelei zurück.

‚Nun‘, zog ich ihn auf, ‚ich schätze, du hattest Recht.‘

‚Aha!‘, rief er. ‚Siehst du? Das habe ich dir doch gesagt!‘

Daraufhin bat ich ihn, mir etwas aus dem Nebenzimmer zu holen. Er öffnete die Tür – und da war unser neuer Zementboden! Wir hatten ihn sogar rot gestrichen. Er war sprachlos."

## ～ 2 ～

### *Scheintot*

„Als ich noch ein Junge war, kam ich einmal während der Meditation in einen Zustand der Ekstase. Meine Atmung und mein Herzschlag setzten aus. Da beschloss ich, den anderen einen kleinen Streich zu spielen. Ich war schließlich noch ein Kind! Als sie hereinkamen, sahen sie mich scheinbar leblos auf dem Boden liegen. Welch ein Tumult! Welch ein Wehgeschrei! Die ganze Familie stand um mich herum und alle erklärten, wie sehr sie mich geschätzt hätten.

Dann rief eine alte, treue Dienerin der Familie, die wir Maid Ma zu nennen pflegten, laut aus: ,Oh, oh! Jetzt habe ich niemanden mehr, mit dem ich streiten kann!' Das war zu viel für mich. Ich konnte nicht mehr an mich halten.

,Oh doch, das hast du!', rief ich.

,Du!', schrie sie wütend. ,Ich wusste doch, dass du uns zum Narren hältst!' Sie nahm einen Besen und warf ihn nach mir.

War das frech von mir? Ich muss sagen, ich hatte großen Spaß!"

## Rashids Streiche

„Ich pflegte früher einen Bart zu tragen. Auf dem Schiff, das mich von Indien hierher brachte, überredete mich ein Mitreisender, ein Muslim namens Rashid, ihn abzurasieren. Die Amerikaner, so beharrte er, würden mich vielleicht akzeptieren, wenn ich *entweder* langes Haar *oder* einen Bart trug, aber ganz gewiss nicht mit beidem. Da mein Meister gewollt hatte, dass ich mein Haar weiterhin lang trug, entschloss ich mich, den Bart zu opfern. Rashid bot mir an, als Barbier zu fungieren, und ich überließ mich vertrauensvoll seinen Händen. Er seifte mein Gesicht ein und rasierte sorgfältig eine Hälfte. Dann ging er einfach und ließ mich im Stich! Und ich hatte vom Rasieren keine Ahnung! Ich war hilflos, bis er nach einigen Stunden lachend zurückkam, um sein Werk zu beenden.

Rashid war ein großer Witzbold. Aber er half mir auch sehr, als ich meine erste Vortragsreise begann. Er buchte die Hallen, kümmerte sich um die Werbung und agierte als mein Sekretär. Trotzdem spielte er mir auch immer wieder Streiche!

Eines Abends zahlte ich es ihm jedoch heim. Er drückte sich immer vor der Arbeit und lief den Mädchen nach. Ihm war nicht klar, dass ich wusste, was er tat. An diesem Abend hatte er versprochen, zu mir zu kommen und mit mir zu arbeiten. Als er nicht erschien, wusste ich genau, wo ich ihn finden würde. Ich ging in einen nahegelegenen Park und dort saß er tatsächlich mit einem neuen Mädchen

auf einer Bank. Er wusste wirklich mit Mädchen umzu-
gehen! Ich schlich mich heimlich von hinten an und stand
verborgen hinter einem Busch. Als er die Arme um das
Mädchen legte und im Begriff war, sie zu küssen, rief ich
mit tiefer, lauter Stimme: ‚Rashiiiiiid!' Ihr hättet sehen
sollen, wie er schnell er aufsprang! Danach kam er regelmäßig ins Büro und arbeitete sehr gefügig mit."

Wir lachten alle schallend über diese Geschichte des
Meisters, die er mit drolligen Gesten und dem passenden
Mienenspiel untermalte.

## ~ 4 ~

## *Eine Robe und langes Haar*

„Wegen meiner Robe und meiner langen Haare hielten die
Menschen mich manchmal für eine Frau. Bei einer Blu-
menausstellung in Boston suchte ich einmal die Herren-
toilette. Ein Wachmann zeigte auf eine Tür und ich ging
vertrauensvoll hinein. Du liebe Güte! Links von mir Damen, rechts von mir Damen, überall waren Damen! Ich
eilte hinaus und ging erneut zu dem Wachmann.

‚Ich suche die *Herren*toilette!', beharrte ich. Misstrauisch sah er mich an und wies schließlich auf eine andere
Tür. Als ich diesmal eintrat, schrie ein Mann: ‚Nicht hier,
meine Dame! Nicht hier!'

Mit tiefer Bassstimme antwortete ich: ‚Ich weiß, was ich
tue!'

Ein anderes Mal wurde ich während einer Zugfahrt

misstrauisch von einem schwarzen Schaffner beobachtet, der immer wieder im Abteil auf und ab ging. Schließlich konnte er seine Neugierde nicht länger beherrschen. ‚Sind Sie ein Mann?‘, fragte er, ‚oder sind Sie eine Frau?‘

‚Was glauben Sie?‘, fragte ich mit tiefer, dröhnender Stimme zurück.“

## ∼ 5 ∼

### *Man braucht etwas nicht zu besitzen, um sich daran zu erfreuen*

„Man braucht etwas nicht zu *besitzen*, um sich daran zu erfreuen“, erklärte der Meister. „Es ist in Ordnung, Dinge zu besitzen, solange deine Besitztümer nicht dich besitzen, aber Eigentum bedeutet oft nur zusätzliche Sorgen. Es ist viel besser, alles in Gott zu besitzen und mit dem Ego an nichts anzuhaften.“

Lächelnd fuhr er fort: „Vor vielen Jahren habe ich einmal die Radio City Music Hall in New York besucht. Nachdem ich den Eintrittspreis bezahlt hatte, sagte ich mir: ‚Solange ich hier bin, gehört das Gebäude mir!‘ Ich ging umher und erfreute mich an meinem schönen Erwerb. Nachdem ich mich so lange daran erfreut hatte, wie es mir gefiel, gab ich das Gebäude mit einem Dank an die Verwaltung zurück und verließ es als freier Mann!“

# ~ 6 ~

## „Gib mir einen Dime"

„Eines Abends besuchte ich in Chicago einen Park. Es war in den Jahren der Weltwirtschaftskrise und wie ihr wisst, war Chicago zu dieser Zeit für seine Kriminalität berüchtigt. Ein Polizist hielt mich an, als ich den Park betreten wollte, und warnte mich, dass es dort nach Einbruch der Dunkelheit nicht sicher sei. ‚Sogar wir haben Angst, den Park zu betreten', sagte er.

Ich ging trotzdem hinein und setzte mich gemütlich auf eine Parkbank. Nach einer Weile blieb ein Mann vor mir stehen, der wie ein Schläger aussah und viel größer war als ich.

Er knurrte: ‚Gib mir einen Dime!'

Ich griff in meine Tasche und gab ihm einen Dime.

‚Gib mir einen Vierteldollar!' Ich gab ihm einen Vierteldollar.

‚Gib mir 50 Cent!' Ich gab ihm fünfzig Cent.

‚Gib mir einen Dollar!'

Da mir inzwischen klar wurde, dass sich die Lage offensichtlich nicht verbessern würde, sprang ich auf und rief mit der Macht Gottes in meiner Stimme:

‚VERSCHWINDE!'

Der Mann begann wie Espenlaub zu zittern. ‚Ich will Ihr Geld nicht!', murmelte er. Angstvoll zurückweichend, wiederholte er: ‚Ich will Ihr Geld nicht! Ich will Ihr Geld nicht!' Dann drehte er sich plötzlich um und floh, als ob sein Leben davon abhinge.

Ich setzte mich wieder und beobachtete geruhsam den aufgehenden Mond. Als ich den Park später verließ, sah mich derselbe Polizist und fragte: ‚Was haben Sie zu dem Mann gesagt? Ich habe Sie zusammen mit ihm gesehen und nicht gewagt, mich einzumischen. Ich weiß, dass er gefährlich ist.'

‚Oh', antwortete ich, ‚wir sind zu einem Einvernehmen gelangt.'"

## ～ 7 ～

## *Sechs vierschrötige Polizisten landen im Orchestergraben*

Viele Menschen waren überrascht, wenn sie feststellten, über welche körperlichen Kräfte der Meister verfügte. Er war recht klein – zwischen 1,65 m und 1,68 m – und obwohl er kräftig gebaut war, erweckte er nicht den Eindruck besonderer Stärke. Seine körperliche Kraft rührte vor allem daher, dass er die Energie in seinem Körper vollkommen beherrschte.

„In der Symphony Hall in Boston", erzählte er uns, „hielt ich einmal einen Vortrag über die Vorzüge der Energieübungen und erwähnte die große körperliche Kraft, die man aus ihnen zieht. Dann forderte ich die Zuhörer heraus: ‚Möchte irgendjemand hier sich an meiner Kraft versuchen?'

Sechs große, vierschrötige Polizisten sprangen auf die Bühne. Das Publikum schnappte nach Luft, sicher, dass ich diese Prüfung nicht bestehen würde.

Ich stellte mich ihnen gegenüber und presste meinen Rücken gegen die Wand. Dann forderte ich die Männer auf, die Hände in meinen Bauch zu drücken, gleichzeitig und so fest sie konnten. Sie taten es. ,Ist das alles, wozu ihr in der Lage seid?', fragte ich.

,Ja!', ächzten sie mit zusammengebissenen Zähnen.

Plötzlich bog ich meinen Rücken durch. Alle sechs taumelten rückwärts und landeten im Orchestergraben!"

## ~ 8 ~
## *Samadhi im Kino und in der U-Bahn*

„Manchmal pflegte ich ins Kino zu gehen", erzählte uns der Meister, „um den ständigen Anforderungen der Arbeit zu entrinnen. Während ich im Kino saß, trat ich in Samadhi ein. Wenn die Menschen mich später fragten, wie mir der Film gefallen habe, sagte ich: ,Sehr gut!' Ich hatte den kosmischen ,Film' gesehen, in dem Sterne und Planeten durch den Raum wirbeln!"

Es gab für ihn keine völlig weltliche Umgebung. Überall sah er Gott. „Wisst ihr, wo ich mein Gedicht *Samadhi* geschrieben habe?", fragte er uns eines Tages. „Es war in der U-Bahn von New York. Während ich schrieb, fuhr ich von Endstation zu Endstation und wieder zurück. Niemand fragte mich nach meiner Fahrkarte. Tatsächlich", fuhr er mit einem Augenzwinkern fort, „hat mich auch niemand gesehen!"

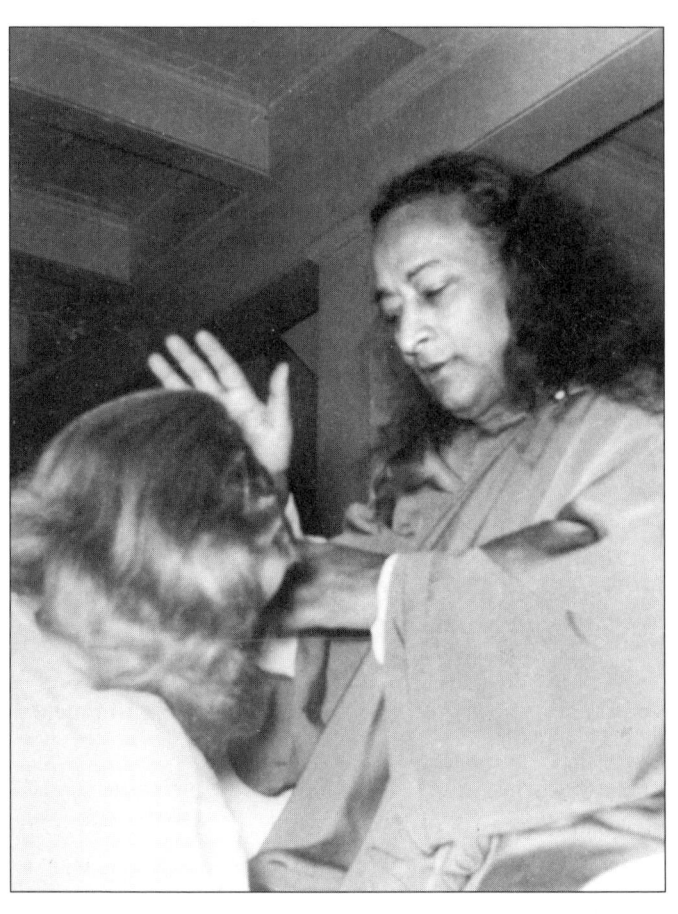

# Kapitel 9
## AUSBILDUNG DER SCHÜLER

# Bernard und der Turban

Bernard war ein Ordensjünger und Geistlicher der *Self-Realization Fellowship*, der Gottesdienste im Tempel in Hollywood hielt. Einige Frauen in der Gemeinde hatten die Ansicht geäußert, dass Bernard ein Turban gut stehen würde. Der Meister sagte dazu nichts, beschloss jedoch, die Kräuselwellen des Interesses zu beruhigen, ehe sie sich zu einer Woge auftürmen konnten.

Es stand eine formelle indische Zusammenkunft an. Zu diesem Anlass kleidete der Meister Bernard einen Turban. Er wickelte einen langen Stoffstreifen sehr sorgfältig um den Kopf des Schülers – so, dass der Turban zwar nicht herunterfiel, aber von einer Seite zur anderen und von einem Auge über das andere rutschte und seinen Träger stets lächerlich aussehen ließ.

Fand Bernard Vergnügen an der Komödie? Er gehörte zu der Sorte von Menschen, die vielleicht mit den Worten von Königin Victoria geantwortet hätten: „Wir sind nicht amüsiert." Es war eine ältere Nonne, die mir spöttisch, aber nicht unfreundlich diese Geschichte erzählte.

# ~ 2 ~

## Die Nonnen
## und die Wassermelone

Als der Meister einmal mit einer Gruppe von Nonnen im Auto reiste, ließ er sie am Rand einer Schnellstraße anhalten, aussteigen und eine große, sehr saftige Wassermelone verzehren. Er schnitt die Melone in unhandliche Stücke, was zur Folge hatte, dass der Saft ihnen über Arme, Hände und Gesichter rann – kein Anblick, den Frauen – und besonders junge Frauen – der Öffentlichkeit gerne darbieten wollen. Den Meister kümmerte ihre Verlegenheit nicht und nach dem ersten Schock nahmen auch sie die Situation mit Humor.

# ~ 3 ~

## Zwei Spielzeugpistolen

Wie die meisten Intellektuellen mit einer akademischen Ausbildung hatte ich eine recht trockene Vorstellung von Weisheit. Bis der Intellekt durch Herzensqualitäten ein Maß an Weichheit erlangt hat, ist er wie Boden, der ohne Wasser auskommen muss: schwer, aber unfruchtbar. Der Meister war ebenso sehr darauf bedacht, mich von dieser Sucht nach trockener geistiger Nahrung zu entwöhnen, wie ich selbst darauf bedacht war, entwöhnt zu werden.

Eines Abends saßen Norman und ich zusammen mit dem

Meister in der Küche. Der Meister rief eine der Schwestern herbei und bat sie, eine braune Papiertüte mit etwas darin aus seinem Schlafzimmer zu holen. Als sie zurückkehrte, löschte er das Licht. Ich hörte, wie er etwas aus der Tüte holte und dann schelmisch kicherte. Plötzlich ertönte ein metallisches Sirren, als Funken aus einer Spielzeugpistole herausschossen. Der Meister lachte mit kindlicher Freude und schaltete das Licht wieder ein. Dann nahm er eine andere Pistole aus der Tüte und schoss damit einen winzigen Fallschirm in die Luft. Wir schauten mit ernstem Gesicht zu, wie er zur Erde sank. Ich war völlig verblüfft.

Der Meister sah mich fröhlich an, aber sein Blick zeigte insgeheim auch Verständnis. „Wie gefallen sie dir, Walter?"

Ich lachte und versuchte ernsthaft, den Sinn der Situation zu erfassen. „Sie sind schön, Meister!" Mein Kommentar glich fast schon einer Affirmation.

Er sah mir tief, aber voller Liebe in die Augen und zitierte die Worte Jesu: „Lasst die Kinder zu mir kommen; hindert sie nicht daran. Denn Menschen wie ihnen gehört das Reich Gottes."

## ~ 4 ~

### Geld für ein Eis

Früh an einem recht milden Herbstabend saß der Meister in seinem Wagen und unterhielt sich noch mit einigen von uns, ehe er eine Spazierfahrt unternahm. Er erläuterte irgendeinen philosophischen Punkt, als er mitten in seiner Erklärung plötzlich abbrach und fragte: „Ist es heute nicht ziemlich heiß?"

Wir zögerten, denn wir wussten, dass er vorhatte, uns Geld für ein Eis zu geben. Er sah uns erwartungsvoll an. Schließlich sagte ich lächelnd: „Nun, es *war* heiß, Meister, aber mittlerweile hat es abgekühlt."

„Zu dumm!", lachte der Meister schelmisch. „Jetzt habt ihr euch selbst um eine Erfrischung gebracht!" Er wandte sich wieder seiner Lehrrede zu. Nach einigen Minuten hielt er erneut inne.

„Seid ihr *sicher*, dass es heute Abend nicht ein wenig warm ist?"

„Nun", antworteten wir lachend, „wenn Ihr es sagt, Meister!"

Entschlossen erklärte er: „Ich kann kein Geld behalten und werde es auch nicht tun! Hier, nehmt es und kauft euch davon ein Eis. Ich habe nur deshalb gerne Geld, damit ich es verschenken kann."

~ 5 ~

## „Nur dein Segen fehlt"

Zu einem der jüngeren Entsagenden sagte der Meister eines Tages: „Du besitzt Hingabe, aber du machst die ganze Zeit nur Witze und bringst die anderen zum Lachen. Du musst lernen, etwas ernsthafter zu sein."

„Ich weiß, Meister", antwortete der junge Mann traurig,

„aber es ist eine so mächtige Gewohnheit. Wie kann ich mich ohne Euren Segen ändern?"

„Nun, *meinen* Segen hast du bereits. *Gottes* Segen hast du auch. Nur *dein* Segen fehlt!"

## ～ 6 ～
## *Die Energieübungen und der Polizist*

Dr. Lewis und einige andere Schüler, darunter auch Mrs. Lewis und Norman, begleiteten den Meister einmal nach San Francisco, um den indischen Premierminister Jawaharlal Nehru zu treffen. Der Doktor kehrte mit Geschichten über diese Reise nach Mount Washington zurück.

„Der Meister", erzählte er, „bat mich eines Morgens, zusammen mit ihm die Energieübungen auf der Veranda des Hotels in San Francisco zu praktizieren." Der Doktor kicherte. „Ich bin vor Verlegenheit fast gestorben! Aber welchen Grund sollte es geben, verlegen darüber zu sein, dass man etwas Gutes tut? Meine Befangenheit gründete auf nichts anderem als der Tatsache, dass unsere Übungen den meisten Menschen nicht bekannt waren. Der Meister beschloss, mich von dieser falschen Vorstellung zu heilen.

Während wir übten, kam ein Polizist auf seiner Runde an uns vorbei. Der Meister tat so, als habe er ein schlechtes Gewissen, trat eilends hinter eine Säule und setzte seine Übung dort fort. Der Polizist sah uns misstrauisch an. Ich betete um ein Wunder, das mich auf der Stelle unsichtbar machen würde. Der Meister aber fuhr einfach mit den Übungen fort, als ob nichts geschehen sei.

Wenige Minuten später kam der Polizist zurück und wieder ging der Meister hinter der Säule in Deckung. Diesmal kam der Mann, dessen Misstrauen ernsthaft geweckt war, zu uns herüber.

‚Was ist hier los?‘, fragte er. Er hielt uns vermutlich für Halunken, die ein Verbrechen planten.

‚Oh, *nichts*, Officer!‘, versicherte der Meister mit einem übertrieben unschuldigen Gesichtsausdruck. ‚Überhaupt nichts. Wir praktizieren nur unsere Übungen. Sehen Sie?‘ Und um seine Aufrichtigkeit unter Beweis zu stellen, wiederholte er einige Bewegungen und lächelte dann erwartungsvoll, als hoffe er auf eine Begnadigung.

‚Nun gut‘, knurrte der Polizist, ‚aber passen Sie auf, dass Sie nicht in Schwierigkeiten geraten.‘ Sehr würdevoll ging er weiter. Inzwischen zitterte ich so sehr vor unterdrückter Heiterkeit, dass meine Verlegenheit vollkommen vergessen war."

~ 7 ~

## „Sub gum duff!"

Während der Reise nach San Francisco hatten der Meister und das Ehepaar Lewis nebeneinander liegende Zimmer. „Der Meister ließ die Tür zwischen unseren Zimmern offen", berichtete der Doktor. „Ich wusste, dass er nicht wollte, dass wir in dieser Nacht schliefen. Er selbst schläft niemals. Zumindest nicht so, wie wir es tun. Er ist immer im Überbewusstsein. Und er will auch *uns* von einer allzu großen Abhängigkeit vom Unterbewusstsein befreien – ‚falsches Samadhi‘ nennt er es. Deshalb hat er vermutlich eine Gelegenheit gesehen, gemeinsam einige Stunden in spiritueller Freundschaft und Inspiration zu verbringen. Wir haben ja kaum noch Gelegenheit dazu, nachdem unsere Arbeit sich mittlerweile über die ganze Welt erstreckt.

Das Problem war, dass meine Frau und ich – sie vor allem – sehr müde waren. Wir waren den ganzen Tag unterwegs gewesen. ‚Wir gehen schlafen‘, verkündete sie entschlossen. Und damit war zumindest für sie die Sache erledigt.

Der Meister hatte jedoch andere Vorstellungen.

Meine Frau und ich gingen zu Bett. Der Meister legte sich, scheinbar fügsam, ebenfalls nieder. Ich fing gerade an, mich zu entspannen, und meine Frau war schon fast eingeschlafen, als der Meister plötzlich, als sei es von größter Bedeutung, sagte:

‚Sub gum.‘

Das war alles. ‚Sub gum‘ hieß eines der chinesischen Gerichte, die wir an diesem Tag gegessen hatten. Ich lächelte in mich hinein. Meine Frau knurrte dagegen grimmig: ‚Er wird mich *nicht* dazu bringen, dass ich aufstehe!‘ Einige Minuten vergingen. Wir waren gerade dabei, wieder einzuschlafen, als wir plötzlich in einem Ton großen Staunens hörten:

‚Sub gum *duff*!‘ Der Meister sprach die Worte langsam und bedächtig aus wie ein Kind, das mit ungewohnten Tönen spielt.

Meine Frau flüsterte verzweifelt: ‚Wir schlafen!' Hilfesuchend drehte sie sich zur Wand.

Wieder vergingen einige Minuten. Dann hörten wir:

‚*Super* sub gum duff!' Diesmal sprach er die Worte sehr langsam und mit großem Ernst aus wie ein Kind, das eine bedeutende Entdeckung macht.

Ich schmunzelte mittlerweile in mich hinein. Meine Frau hielt dagegen immer noch leidenschaftlich an ihrem Entschluss fest, obwohl Schlaf für uns beide inzwischen zu einem ‚unmöglichen Traum' zu werden schien.

Wieder vergingen einige Minuten. Dann die große Entdeckung:

‚Super SUBMARINE sub gum duff!'

Weiterer Widerstand war unmöglich. Laut lachend standen wir auf. Für den Rest der Nacht war der Schlaf vergessen. Wir unterhielten uns und lachten gemeinsam mit dem Meister. Nach und nach wandte sich das Gespräch ernsteren Themen zu. Wir kamen auf spirituelle Fragen zu sprechen und zum Schluss meditierten wir. Mit seinem Segen hatten wir in dieser Nacht überhaupt kein Bedürfnis mehr nach Schlaf."

~ 8 ~

## Der Meister schläft niemals

„Ich habe ja schon berichtet", fuhr Dr. Lewis fort, „dass der Meister niemals schläft. Das stimmt sogar dann, wenn er schnarcht! Vor vielen Jahren lag er einmal in seinem

Zimmer, war allem Anschein nach eingeschlafen und schnarchte ziemlich laut. Ich schlich auf Zehenspitzen ins Zimmer und band einen Faden an seinen großen Zeh, sehr darauf bedacht, dass er nichts merkte. Ich sollte vielleicht hinzufügen, dass wir beide damals noch jung waren. Der Meister schnarchte immer noch friedlich, während ich vorsichtig zur Tür zurückschlich. Als ich gerade im Begriff war, den Faden am Türknauf zu befestigen, unterbrach er sein Schnarchen lange genug, um zu sagen: ‚Aha!'"

~ 9 ~

## „Warum nennen wir es nicht einfach ‚Dienst'?"

„Der Meister hat mir einmal eine gute Lektion darüber erteilt, welche Einstellung wir zu unserer Arbeit haben sollten." Vera Brown (später Meera Mata genannt) war eine fortgeschrittene ältere Schülerin, die der Meister mit der Ausbildung einiger der jüngeren Schüler betraut hatte. Sie berichtete mir von einigen der Erfahrungen, die sie mit dem Meister gemacht hatte.

„‚Du arbeitest zu viel', sagte mir der Meister eines Tages. ‚Du *musst* weniger arbeiten. Wenn du es nicht tust, wirst du deine Gesundheit ruinieren.'

‚Nun gut', dachte ich. ‚Ich werde versuchen, weniger zu arbeiten.'

Zwei oder drei Tage später gab mir der Meister zu meiner großen Überraschung noch *mehr* zu tun."

Die Augen von Vera Brown funkelten. „‚In Ordnung, Meister‘, dachte ich, Ihr müsst wissen, was Ihr tut.‘ Ich übernahm also meine neuen Pflichten, fragte mich aber die ganze Zeit: ‚Wie soll ich die zusätzliche Arbeit mit seinen Anweisungen, *weniger* zu arbeiten, unter einen Hut bringen?‘

Einige Tage später erklärte mir der Meister erneut und mit größerer Strenge: ‚Du *darfst nicht* so hart arbeiten. Du hast in diesem Leben schon so viel gearbeitet, dass es für mehrere Inkarnationen reicht.‘

Was sollte ich machen? Ich versuchte erneut, meine Aktivitäten zu reduzieren mit dem Ergebnis, dass mir der Meister zwei oder drei Tage später mehr Arbeit als je zuvor übertrug!

Wir wiederholten diese kleine Komödie mehrere Male. Jedes Mal, wenn der Meister mir sagte, ich solle *weniger* arbeiten, übertrug er mir kurz darauf neue Pflichten, die mich zwangen, *mehr* zu arbeiten. Ich dachte mir, dass er schon wissen würde, was er tat, und dass es an mir war zu erkennen, worum es ging.

Eines Tages sah ich den Meister schließlich an und sagte: ‚Meister, warum ersetzen wir das Wort *Arbeit* in unserem Leben nicht durch das Wort *Dienst*?‘

Der Meister lachte. ‚Es war eine gute Vorstellung‘, sagte er. ‚Dein ganzes Leben lang hast du immer nur gedacht: *Arbeit, Arbeit, Arbeit!* Genau dieser Gedanke hat dich erschöpft. Aber schau nur, wie anders du dich fühlst, wenn du die Arbeit als Gottesdienst begreifst! Wenn du handelst, um Gott zu gefallen, kannst du *zweimal* so viel schaffen und wirst dich niemals müde fühlen!‘“

## ～ 10 ～

### *Hinter Yogananda sauber machen*

Vera Brown lachte vergnügt. „Der Meister hat mir auch eine gute Lektion darüber erteilt, wie man sein Bewusstsein auf die Gegenwart Gottes ausgerichtet hält.

Eines Tages bereitete er in seiner Küche eine Mahlzeit zu. Ich war bei ihm. Da ich nichts Besseres zu tun hatte, beschloss ich, hinter ihm sauber zu machen. Sobald er eine Pfanne geleert hatte, spülte ich sie. Sobald er etwas verschüttete, beseitigte ich die Spuren.

Daraufhin fing er an, immer mehr Pfannen schmutzig zu machen und immer mehr Essen zu verschütten. Ich arbeitete immer schneller, um mit ihm mitzuhalten. In meinem ganzen Leben hatte ich noch *nie* jemanden gesehen, der beim Kochen ein so großes Durcheinander anrichtete. Schließlich gab ich auf und dachte, dass ich ebenso gut warten konnte, bis er fertig war, ehe ich weitermachte.

Als ich mich setzte, um ihn zu beobachten, bemerkte ich ein winziges Lächeln auf seinem Gesicht, aber er sagte nichts. Ich bemerkte auch, dass er aufgehört hatte, ein so großes Durcheinander anzurichten. Endlich dämmerte mir, dass er mich nur den Unterschied zwischen ruhigem, gottesbewusstem Handeln und der Art von Ruhelosigkeit gelehrt hatte, die entsteht, wenn man etwas tut, nur um etwas zu tun. Ich hatte in einem Geist der Geschäftigkeit gearbeitet. Der Meister hatte mir meinen Fehler aufgezeigt, indem er mich selbst zu dieser logischen Schlussfolgerung gelangen ließ!"

# Kapitel 10
## GESCHICHTEN
## MIT EINER MORAL

# ~ 1 ~

## *Wiedergeburt*
## *auf den Punkt gebracht*

Es war einmal ein Mann, der Gott liebte und bereits einige spirituelle Fortschritte vorzuweisen hatte, der aber auch noch einige weltliche Wünsche hatte, die bisher unerfüllt geblieben waren. Am Ende seines Lebens erschien ihm ein Engel und fragte: „Gibt es etwas, das du dir noch wünschst?"

„Ja", sagte der Mann. „Mein ganzes Leben lang bin ich schwach, dünn und kränklich gewesen. Ich möchte in meinem nächsten Leben gerne einen starken, gesunden Körper haben."

So bekam er in seinem nächsten Leben einen starken, kräftigen und gesunden Körper. Er war jedoch arm und es fiel ihm schwer, seinen kräftigen Körper angemessen zu ernähren. Schließlich lag er – immer noch hungrig – im Sterben. Der Engel erschien ihm wieder und fragte: „Gibt es noch etwas, das du dir wünschst?"

„Ja", erwiderte der Mann. „In meinem nächsten Leben möchte ich gerne einen starken, gesunden Körper und außerdem ein gut gefülltes Bankkonto haben!"

In seinem nächsten Leben hatte er einen starken, gesunden Körper und war außerdem wohlhabend. Mit der Zeit machte es ihn jedoch traurig, dass er niemanden hatte, mit dem er seinen Reichtum teilen konnte. Als der Tod kam, fragte ihn der Engel wieder: „Gibt es noch etwas?"

„Ja", erwiderte der Mann, „beim nächsten Mal möchte

ich gerne stark, gesund und wohlhabend sein und eine gute Ehefrau haben."

In seinem nächsten Leben wurden ihm alle diese Segnungen zuteil. Er hatte auch eine gute Frau. Leider starb sie sehr jung und er trauerte sein Leben lang um sie. Er betete ihre Handschuhe, ihre Schuhe und andere Erinnerungsstücke an, die ihm kostbar waren. Als er vor Trauer im Sterben lag, erschien der Engel ihm wieder und fragte ihn: „Was nun?"

„Beim nächsten Mal", antwortete der Mann, „möchte ich gerne stark, gesund und wohlhabend sein und eine gute Ehefrau haben, die lange lebt."

„Bist du sicher, dass du an alles gedacht hast?", fragte der Engel.

„Ja, diesmal bin ich sicher, dass ich an alles gedacht habe."

Er bekam in seinem nächsten Leben alle diese Dinge, einschließlich einer guten Frau, die lange lebte. Das Problem war, dass sie zu lange lebte. Als er älter wurde, verliebte er sich so sehr in seine schöne junge Sekretärin, dass er schließlich seine gute Ehefrau für sie verließ. Die junge Frau wollte aber nur sein Geld. Nachdem sie es bekommen hatte, lief sie mit einem viel jüngeren Mann davon. Als der Mann im Sterben lag, erschien ihm der Engel erneut und fragte: „Nun, was willst du dieses Mal?"

„Nichts!", rief der Mann. „Nichts, nie wieder! Ich habe meine Lektion gelernt. Ich erkenne jetzt, dass jeder erfüllte Wunsch einen Haken hat. Von jetzt an will ich, ganz gleich, ob ich reich oder arm, gesund oder krank, verheiratet oder alleinstehend bin, ob hier oder in der astralen Welt, nur noch Gott. Nur dort, wo Gott ist, ist Vollkommenheit!"

## ～ 2 ～

### *Krishnas Käse*

Yogananda erzählte oft mit großem Vergnügen folgende Geschichte, um den vollkommenen Mangel an Egobewusstsein zu verdeutlichen, der einem Meister eigen ist:

„Die Gopis pflegten Krishna jeden Morgen frischen Käse zu bringen. Voller Freude überquerten sie den Fluss Jamuna, um ans andere Ufer zu gelangen, wo Krishna lebte. Er genoss diesen Käse aufgrund der Hingabe, mit der sie ihn brachten.

Eines Morgens war zu ihrem großen Entsetzen der Fluss über die Ufer getreten. Wie sollten sie jetzt auf die andere Seite gelangen? Da hatte eine von ihnen eine Eingebung.

Vyasa, ein großer Schüler Krishnas, lebte auf ihrer Seite des Jamuna. Es war der berühmte Vyasa, der viele Jahre später die Bhagavad Gita verfasste. ‚Wir wollen zu ihm gehen und ihn bitten, ein Wunder zu vollbringen‘, riefen die Gopis. Voller Eifer eilten sie alle zu der Hütte, in der Vyasa lebte.

‚Herr‘, riefen sie. ‚Wir haben Krishna jeden Morgen von diesem Käse gebracht. Heute können wir aber nicht hinübergelangen: Der Jamuna ist über die Ufer getreten. Würdest du uns helfen?‘ Sie lächelten ihn gewinnend an.

‚Krishna, Krishna!‘, rief Vyasa, scheinbar zornig. ‚Ich höre immer nur Krishna. Was ist mit mir? Ist euch nie der Gedanke gekommen, dass ich mich auch über ein wenig Käse freuen würde?‘

Welch ein Dilemma! Sie respektierten Vyasa zutiefst,

aber der Käse war für Krishna bestimmt. Wenn der einzige Weg, ihn Krishna zu bringen, jedoch Vyasas Hilfe erforderte, was konnten sie tun? ‚Bitte, Herr‘, sagten sie, ‚nimm dir ein wenig von dem Käse!‘

Vyasa nahm den Käse. Und dann aß er. Und aß. Und aß! Er hörte erst auf zu essen, als er nicht mehr schlucken konnte. Für Krishna war nur ein kleines Stück Käse übrig geblieben! Vyasa kam schwerfällig auf die Füße und schleppte sich zum Ufer.“ (An dieser Stelle tat Yogananda immer so, als würde er mit schleppenden Schritten zum Flussufer gehen.)

‚„Jamuna!‘, rief Vyasa, als er am Flussufer angekommen war. ‚Wenn ich nichts gegessen habe, dann teile dein Wasser!‘

‚Was um alles in der Welt sagt er da?‘, flüsterten die Gopis einander zu. ‚Erst stopft er sich voll wie ein Schwein. Und jetzt ruft er: „Wenn ich nichts gegessen habe …“ Welch ein Lügner! Was kann bei diesem Abenteuer denn noch Gutes herauskommen?‘

Zu ihrem großen Erstaunen teilte sich der Fluss! Eine schmale Öffnung bildete sich zwischen zwei hohen Wänden aus Wasser. Die Mädchen liefen eilig hinüber zur anderen Seite, ohne innezuhalten und über das Rätsel nachzudenken. Sie eilten zu Krishnas Hütte und riefen: ‚Krishna, Krishna!‘ Für gewöhnlich stand er an der Tür der Hütte und wartete darauf, dass sie ihm den Käse brachten. Heute war er jedoch nicht zu sehen. ‚Krishna!‘, riefen sie, ‚wo bist du? Was ist geschehen?‘

Als sie zur Vordertür kamen, warfen sie einen verstohlenen Blick hinein und sahen, dass Krishna ausgestreckt auf einem Sofa lag und den Mund zu einem glückseligen Lächeln verzogen hatte. Auf ihre ängstlichen Fragen antwortete er schläfrig: ‚Es tut mir leid, aber ich kann heute einfach nicht noch mehr Käse essen!'

‚Aber Herr, wer hat dir denn zu essen gegeben? Niemand außer uns bringt dir morgens Käse.'

‚Ach', antwortete er, ‚Vyasa, der am anderen Ufer lebt, hat mir schon viel zu viel zu essen gegeben.'

Denn wisst ihr, Vyasa hatte, während er aß, nur an Krishna gedacht. Sein Körper schluckte den Käse hinunter, aber Krishna kam in seinen Genuss.

Und so", schloss der Meister, „sollte man in der Welt handeln. Denkt immerzu an Gott. Bittet ihn bei allem, was ihr tut, es durch euch zu tun."

## ∾ 3 ∾

### *Alles wegen einem Fetzen Tuch*

In den Tiefen des indischen Dschungels lebte ein heiliger Meister mit seinen Schülern. Meister und Schüler erwachten bei Tagesanbruch und schickten ihre Gebete mit der aufgehenden Sonne auf die Reise. Sie lebten von Früchten und Wurzeln des Dschungels und schliefen in von der Natur geschaffenen Höhlen.

Rama war in diese Einsiedelei im Dschungel gekommen, um ein ganz einfaches Leben zu führen, aber mit der Zeit fing er an, die einfachen Alltagspflichten in der Einsiedelei zu bemängeln. Eines Tages sagte er zu seinem Guru:

„Verehrter Meister, ich habe genug von den Alltagspflichten in Eurer Einsiedelei, die dieselben sind wie die
weltlichen Pflichten, die ich zu Hause zu erfüllen hatte.
Ich will allen materiellen Dingen entkommen und allein in Abgeschiedenheit im Tempel der Kontemplation
leben."

Der Meister warnte ihn: „Mein Sohn, du magst damit
zwar den vielen Menschen entkommen, aber es wird viel
schwieriger für dich, deinen eigenen rastlosen Gedanken
zu entkommen, die dich auf Abwege führen können."

Rama hörte nicht auf die Bitten seines Meisters und
brach auf, um einen abgeschiedenen Ort zu suchen. Er
nahm nur zwei Tuchfetzen mit, die ihm als Lendenschurz
dienen sollten, sowie eine Bettelschale, um Wasser zu
schöpfen. Schließlich fand Rama einen sehr ruhigen Ort
auf dem Gipfel eines Hügels am Rand eines Dorfes. Er
legte sich auf einem Felsvorsprung unter einem riesigen,
schattenspendenden Baum nieder, um auszuruhen.

Bei Tagesanbruch stellte Rama mit Bestürzung fest, dass
eine Maus mehrere kleine Löcher in den zweiten Lendenschurz gefressen hatte, den er über einen Ast gehängt hatte.
Rama dachte: „Himmlischer Vater, ich habe alles für dich
aufgegeben, und nun hast du eine Maus geschickt, die sich
an meinem letzten Besitz zu schaffen macht – einem Fetzen Tuch."

Ein Dorfbewohner kam an dem Felsen vorbei und blieb
stehen, um dem „heiligen Mann" seinen Respekt zu bezeu-
gen. Er fragte: „Heiliger Mann, was bedrückt Euch?" Als
er die Geschichte des zerfressenen Tuchfetzens hörte, riet
er: „Heiligkeit, warum schafft Ihr Euch keine Katze an,

um die Mäuse zu vertreiben?" „Das ist eine wunderbare Idee, aber woher bekomme ich eine Katze?", fragte Rama. „Ich werde Euch morgen eine Katze bringen", antwortete der Mann aus dem Dorf.

Am nächsten Tag vergrößerte Rama seinen Besitz um eine struppige Perserkatze. Und somit war das Mäuseproblem gelöst. Jeden Tag ging Rama ins Dorf, um für seine Katze etwas Milch zu holen. Die Dorfbewohner gaben ihm ein Jahr lang bereitwillig Milch für seine Katze, ohne etwas dafür zu verlangen, bis der Dorfvorsteher eines Tages zu Rama sagte: „Heiliger Herr, wir sind es müde, Euch mit Milch zu versorgen." „Aber wie soll meine Katze überleben?", erwiderte Rama. „Warum haltet Ihr keine Kuh?", fragte der Dorfvorsteher. „Wie komme ich an eine Kuh?", fragte Rama. „Ich werde Euch sofort eine Kuh geben", antwortete der Dorfvorsteher.

Rama, außer sich vor Freude, kehrte mit einer Kuh in sein Zuhause im Wald zurück. Nun bildeten Rama, seine Katze und seine Kuh eine richtige kleine Familie. Die Kuh war als die „Kuh des heiligen Mannes" bekannt und plünderte zur großen Verzweiflung der Dorfbewohner schmarotzend deren Reisfelder.

Ein weiteres Jahr verging und es gab zahlreiche Geschichten über die Reisfelder, die von der mit sehr großer Geduld ertragenen „Kuh des heiligen Mannes" abgefressen worden waren. Eines Tages kamen die Dorfbewohner schließlich geschlossen zu dem heiligen Mann und beklagten sich über die Schäden, die von der dreisten Kuh angerichtet worden waren. „Aber wie soll ich meine Kuh ernähren?", fragte Rama. „Warum bewirtschaftet Ihr nicht

Euren eigenen Grund und Boden? Wir geben Euch zehn Hektar Land", erklärten die Dorfbewohner im Chor.

Rama war hocherfreut. Er rief die Dorfkinder zusammen und ließ sie im Namen Gottes eine Hütte für sich bauen, seinen Boden bestellen, seine Katze und seine Kuh füttern und all die harte Arbeit erledigen, die auf einem Bauernhof anfiel.

Zwei Jahre lang tolerierten die Dorfbewohner schweigend alle diese Vorrechte des heiligen Mannes, bis es schließlich so weit war, dass sie die Kinder nicht mehr dazu bewegen konnten, ihre Pflichten zu Hause zu erledigen. Geschlossen gingen sie zu Rama und beklagten sich: „Heiligkeit, wir können Euch unsere Kinder nicht mehr leihen, um auf Eurem Bauernhof zu arbeiten. Ohne unsere Kinder bleibt die Arbeit auf unseren eigenen Höfen liegen."

„Aber wie soll ich denn meinen Bauernhof ohne die Hilfe eurer Kinder betreiben?", fragte Rama.

„Warum bekommt Ihr nicht eigene Kinder? Es wird uns eine Ehre sein, Euch eine unserer heiratsfähigen Töchter zur Frau zu geben", riefen die Dorfbewohner einstimmig.

„Das ist eine wunderbare Idee", rief Rama.

Und so bereitete sich Rama auf die Hochzeit vor, als sein Meister zu Besuch kam. Der Meister sagte: „Du hast die Einsiedelei verlassen, um keine materiellen Pflichten mehr zu haben, und nun sehe ich, dass du eine Katze, eine Kuh, Land und ein Haus besitzt, und ich höre, dass du heiraten willst. Was ist mit dir geschehen?"

„Oh, Meister", rief Rama. „Das ist alles nur wegen einem Fetzen Tuch gekommen!"

Der Meister und sein Schüler lachten herzlich und Rama

verließ seine neugewonnene Familie und seinen Bauernhof, um in die Einsiedelei seines Meisters zurückzukehren und dort unter dessen weiser Führung zu leben.

Diese Geschichte zeigt, dass du, wenn du die Welt für Gott verlässt, sehr darauf achten musst, auch alle weltlichen Gedanken *in deinem Inneren* aufzugeben, denn anderenfalls wird deine Weltlichkeit mit dir gehen und eine neue weltliche Umgebung anziehen.

## ∼ 4 ∼

## *Der Heilige, der einen König als Guru wählte*

Vor langer Zeit lebte ein großer Weiser namens Vyasa, der Autor der wichtigsten Schrift des Hinduismus, der Bhagavad Gita. Er rief eine heilige Seele an, den Körper des Kindes zu bewohnen, das seine Frau in sich trug, und lehrte das ungeborene Kind die Geheimnisse der Schriften. Das Kind erhielt den Namen Shukadeva. Mit sieben Jahren war es schon in allen Schriften des Hinduismus bewandert und bereit, der Welt zu entsagen und sich auf die Suche nach einem wahren Guru zu begeben.

Sein Vater Vyasa gab ihm den Rat, bei König Janaka in die Lehre zu gehen, dem Herrscher der Provinz. Als Shukadeva das Palastgelände betrat, sah er den König auf einem mit Smaragden und Diamanten besetzten goldenen Thron sitzen und eine große orientalische Pfeife rauchen. Dieser Anblick war genug für Shukadeva. Schockiert wandte er sich um und ging schnellen Schrittes durch die Palasttore wieder hinaus, während er vor sich hinmurmelte: „Schande über meinen Vater, mich zu diesem materiell eingestellten König zu schicken! Wie könnte er mein Lehrer sein?"

Aber König Janaka war sowohl ein König als auch ein Heiliger. Er war in seiner spirituellen Entwicklung sehr weit fortgeschritten und wusste, was der fliehende Shukadeva dachte. Deshalb schickte er einen Boten und befahl Shukadeva, zu ihm zurückzukehren.

So begegneten sich König Janaka und Shukadeva. Der König schickte alle seine Höflinge fort und begann mit Shukadeva ein fesselndes Gespräch über den alles beschützenden Gott. Vier Stunden vergingen. Shukadeva wurde allmählich hungrig und unruhig, aber er wagte es nicht, den von Gott trunkenen König zu stören.

Eine weitere Stunde ging vorüber und zwei Boten kamen zum König gerannt und riefen: „Hoheit, Euer Königreich brennt und die Flammen drohen auf den Palast überzugreifen. Wollt Ihr nicht kommen, um die Löschbemühungen zu überwachen?" Darauf antwortete der König: „Ich bin mit meinem Freund Shukadeva in ein Gespräch über den alles beschützenden Gott vertieft. Ich habe keine Zeit. Geht und löscht die Flammen selbst."

Eine weitere Stunde verging. Die beiden Boten kamen erneut zum König gerannt und riefen: „Königliche Exzellenz, bitte flieht, denn die Flammen haben den Palast in Brand gesetzt und nähern sich rasch Eurer Kammer." Darauf erwiderte der König gleichgültig: „Das macht nichts. Stört mich nicht, denn mein Freund und ich trinken Gott. Geht und tut, was ihr könnt."

Shukadeva war über die Reaktion des Königs verwundert. Nach einer weiteren Stunde kamen zwei Boten mit versengten Kleidern vor den König gesprungen und schrien: „Mächtiger König, die Flammen haben beinahe Euren Thron erreicht! Flieht, bevor Ihr beide in den Flammen umkommt!" Darauf erwiderte der König: „Flieht ihr beide und bringt euch in Sicherheit. Ich bin zu sehr damit beschäftigt, in den Armen des alles beschützenden Gottes zu ruhen, um die Flammen zu fürchten!"

Die Boten flohen und die Flammen leckten an dem Bücherstapel, den Shukadeva neben sich liegen hatte, aber der König rührte sich nicht und sprach über Gott.

Schließlich verlor Shukadeva die Fassung und schlug nach den Flammen, um sie davon abzuhalten, seine kostbaren Bücher zu verbrennen. Zufrieden lächelnd wedelte der König mit der Hand nach den Flammen und sie verschwanden auf wundersame Weise. Als Shukadeva seine Fassung zurückerlangt und sich voller Ehrfurcht wieder auf seinem Platz niedergelassen hatte, sprach der König lächelnd:

„Oh, junger Shukadeva, du hieltest mich für einen König, der nur auf materielle Dinge bedacht ist, aber schau dich selbst an. Du hast den alles beschützenden Gedanken an Gott aufgegeben, um deine Bücher zu retten, während ich den Flammen in meinem Königreich und in meinem Palast keine Beachtung geschenkt habe. Gott hat dieses Wunder gewirkt, um zu zeigen, dass du, auch wenn du ein Mann der Entsagung bist, stärker deinen Büchern als Gott verhaftet bist. Du bist deinen Büchern stärker verhaftet als ich meinem Königreich, obwohl ich in der Welt und nicht in einem Kloster oder in einer Einsiedelei lebe."

Dies rief große Demut in dem jungen Shukadeva hervor und er nahm den heiligen König Janaka als seinen Guru, seinen spirituellen Lehrer an.

~ 5 ~

## Die Maus, die zum Tiger wurde

„In einer schönen Einsiedelei inmitten eines tiefen Dschungels lebte ein großer, gottverwirklichter Heiliger, der viele Wunderkräfte besaß. Der heilige Mann hatte in dieser Welt niemanden, der ihm nahestand, außer einer kleinen zahmen Maus. Viele Pilger und Schüler trotzten den Gefahren wilder Tiger und anderer Tiere des Waldes, um den großen Heiligen zu besuchen, und alle brachten ihm Gaben in Form von Früchten und Blumen dar. Jeder, der den Heiligen besuchte, staunte über die tiefe Freundschaft zwischen ihm und der Maus. Sie war als die ‚Maus des Heiligen‘ bekannt und alle Besucher fütterten sie mit kleinen Leckerbissen.

Einmal, als eine Gruppe von Schülern den großen Meister besuchte, kam die Maus hereingerannt, verfolgt von einer Katze. Als sie Zuflucht zu Füßen des Meisters suchte, verwandelte der Heilige sie – vor den staunenden Augen seiner Schüler – in eine große wilde Katze. Nun war die verwandelte Maus glücklich und sicher vor der Katze, ärgerte sich aber, als einige der Schüler riefen: ‚Seht euch die bessere Mauskatze des Heiligen an!‘

Als dieselben Schüler den Meister wieder einmal besuchten, kam die Katze hereingerannt, verfolgt von Waldhunden, um Schutz zu Füßen des Weisen zu suchen. Der Weise rief: ‚Von nun an sollst du ein wilder Hund sein.‘ Im selben Moment verwandelte sich die Mauskatze zur Überraschung der wilden Hunde in einen Hund.

Einige Zeit später, während die Schüler mit dem Meister studierten, verfolgte ein ausgewachsener bengalischer Tiger den Maushund in die Einsiedelei. Der Meister rief: ‚Herr Maus, ich bin es leid, dich ständig vor deinen Feinden zu beschützen. Deshalb musst du fortan ein Tiger sein.‘

Kaum hatte der Heilige diese Worte ausgesprochen, verwandelte sich der Maushund in einen riesigen Königstiger. Die Schüler lachten aus voller Kehle und riefen: ‚Schaut euch den wilden Tiger des Heiligen an. Er ist nur eine bessere Maus.‘ Die Tage vergingen und Besucher, die zum ersten Mal in die Einsiedelei kamen, stellten fest, dass ein furchteinflößender Tiger das Gelände der Einsiedelei bewachte. Wenn sie erschraken, sagten einige Schüler sarkastisch: ‚Seid nicht nervös. Das ist kein Tiger. Es ist nur eine Maus, die der Meister in einen Tiger verwandelt hat.‘

Der Maustiger hatte es satt, ständig in dieser Weise herabgesetzt zu werden, und so dachte er: ‚Wenn ich mich des Heiligen nur entledigen könnte, dann würde die ständige Erinnerung daran, dass ich einmal eine Maus war, getilgt.‘ Mit diesem Gedanken sprang der Maustiger – zur großen Bestürzung seiner Schüler – den Meister an, um ihn zu töten.

Der Weise durchschaute das undankbare Motiv seines verwandelten Haustieres und befahl augenblicklich mit lauter Stimme: ‚Sei wieder eine Maus!‘ Sofort wurde der brüllende Tiger in eine piepsende kleine Maus verwandelt.

Denkt daran, meine Freunde, dass viele von euch die gottgegebene Willenskraft genutzt haben, um sich von einer kleinen menschlichen, vor Angst und Ohnmacht piepsenden Maus in einen kühnen, tüchtigen und mächtigen Tiger zu verwandeln. Aber vergesst nicht, dass ihr, wenn ihr dieser Kraft feindselig gesinnt seid, von einem mächtigen Tiger wieder zu einer kleinen ohnmächtigen Maus werden könnt. Vergesst also niemals Gott, während ihr eure Pflichten erfüllt, und summt im Geist stets ein stilles, andächtiges Lied der Liebe zu eurem geliebten himmlischen Vater."

~ 6 ~

## Wie ein Heiliger einen Dieb bekehrte

„Tulsidas, ein frommer Heiliger, pflegte Gott in Gestalt von Rama, dem großen Propheten Indiens, zu verehren. Wohlhabende Anhänger von Tulsidas, die von seiner tiefen Hingabe inspiriert waren, schenkten ihm zahlreiche goldene Gegenstände, um sie bei den heiligen Zeremonien im Tempel einzusetzen. Während Tulsidas in tiefer Meditation über Rama versunken war, bemerkte er eine unterschwellige Angst, dass die goldenen Gegenstände gestohlen werden könnten.

Seine Angst war nicht unbegründet, denn ein Dieb hatte von den goldenen Gegenständen im Tempel erfahren. Der heilige Tulsidas ließ den Tempel stets offen und pflegte nachts unter einem Dach aus duftenden Blumen zu medi-

tieren, das etwa dreißig Meter vom Tempel entfernt war.
Der Dieb plante, nachts zum Tempel zu gehen und die
Gegenstände zu stehlen, aber sieben Nächte lang sah er,
sobald er sich näherte, das lebendige Abbild des Propheten
Rama, der den Tempeleingang bewachte.

Verwundert verkleidete sich der Dieb eines Morgens als
feiner Herr, ging zu Tulsidas und sagte: ‚Verehrter Herr,
ich habe gehört, dass Ihr die Tempelpforte nicht einmal
nachts abschließt, weil Ihr wahre Anhänger dazu einladet,
jederzeit dort zu meditieren. Ich will seit sieben Nächten
Euren Tempel betreten, um dort zu meditieren und die
heilige Schwingung zu empfangen, wage mich aber nicht
hinein, weil Euer Wächter, als Prophet Rama verkleidet
und mit Pfeil und Bogen ausgestattet, bedrohlich die Tempelpforte bewacht.‘

Tulsidas fragte den feinen Herrn mit Tränen in den Augen: ‚Habt Ihr wirklich gesehen, dass Rama die Tempelpforte bewacht? Nun, mein Herr, es tut mir leid. Ich werde
meinen Wächter bitten, die Pforte nicht länger zu bewachen, damit Ihr den Tempel jederzeit besuchen könnt.‘

Tulsidas erkannte, dass der ‚feine Herr‘ in Wirklichkeit
ein Dieb war. Aber er erkannte auch, dass seine Furcht, die
goldenen Gegenstände zu verlieren, den Propheten Rama
offenbar dazu gebracht hatte, eine körperliche Gestalt an-
zunehmen und die Tempelschätze liebevoll für ihn zu bewachen.

Der Heilige zog sich in den Tempel zurück, meditierte
den ganzen Tag und betete zu Rama: ‚Herr, bitte nimm
meine goldenen Gegenstände fort. Ich bin beschämt, dass
ich dich mit meinen Ängsten belästigt und dich dazu ge-

bracht habe, die ganze Nacht wach zu bleiben, um die Tempelgegenstände zu bewachen. Bitte sieh davon ab, die Rolle des Wächters für mich zu übernehmen.' Rama erschien Tulsidas in einer Vision und stimmte seiner Bitte lächelnd zu.

In dieser Nacht schlich der Dieb, nachdem er sich vergewissert hatte, dass Tulsidas unter seinem Lieblingsbaum in tiefer Meditation saß, erneut leise durch den Garten. Wie Tulsidas versprochen hatte, saß kein göttlicher Wächter am Tempeleingang. Auf Zehenspitzen stahl sich der Dieb in den Tempel, packte eilig die meisten der goldenen Gegenstände in seinen Jutesack und verließ den Tempel rasch wieder. In diesem Moment fing ein streunender Hund an zu bellen und ihn zu verfolgen. Mit den in seinem Jutesack aneinander klirrenden goldenen Gegenständen und dem bellenden Hund auf den Fersen, begann der Dieb zu rennen.

Tulsidas, der seine Meditation beendet hatte, ruhte unter dem Baum und erwartete die Rückkehr des Diebes. Als er den heulenden Hund, die rennenden Füße und das klirrende Geräusch hörte, lief er zurück in den Tempel und entdeckte, dass fast alle goldenen Gegenstände verschwunden waren.

Tulsidas packte die wenigen verbliebenen Gegenstände eilig in ein Tuch und lief in die Richtung, aus der er den bellenden Hund hörte. Schon bald überholte er den Dieb, der voller Reue und beinahe außer sich vor Angst dem Heiligen zu Füßen fiel und rief: ,Barmherziger Herr, bitte nehmt eure goldenen Gegenstände zurück. Ich bitte Euch, mich nicht der Polizei zu übergeben.'

Der Heilige lachte fröhlich, klopfte dem Dieb auf die Schulter und gab ihm die verbliebenen Gegenstände mit den Worten: ‚Mein Sohn, ich habe dich nicht überholt, um dich festzunehmen, sondern um dir die restlichen Gegenstände zu geben, die du in der Eile übersehen hast. Ich bin froh, dass ich ihrer ledig bin, denn sie haben mich von meiner Meditation auf meinen geliebten Rama abgelenkt. Mein Sohn, du brauchst sie mehr als ich. Nimm sie alle mit meinem Segen. Wenn du jedoch das nächste Mal etwas aus dem Tempel haben willst, stiehl es bitte nicht und vergifte so deinen Geist. Bitte mich einfach darum und ich werde es dir bereitwillig geben.'

Der Dieb war sprachlos angesichts der erstaunlichen Nichtanhaftung, Hingabe, Vergebung und Großmut von Tulsidas. Er verbeugte sich tief vor dem Heiligen, presste dessen Füße an seine Brust und sagte unter Tränen: ‚Ehrwürdiger Meister, ich bin ein Dieb von Beruf, aber ich bin noch niemals einem größeren Dieb als Euch begegnet. Heute habt Ihr mir alles gestohlen – meinen Körper, meinen Geist, meine Wünsche, meine Bestrebungen, mein Herz und sogar meine Seele – und die goldenen Gegenstände, die Ihr mir gegeben habt. Ich will kein Dieb mehr sein, der vergängliche Dinge stiehlt. Ich will ein Seelendieb sein wie Ihr.'

Mit diesen Worten folgte der Dieb, der nun zum Schüler geworden war, dem Meister zum Tempel und seit diesem Tag gingen, träumten und liebten sie Gott gemeinsam.

Diese Geschichte macht deutlich, dass die Liebe zu Gott das oberste Gebot sein muss. Ihr müsst das Verlangen nach vergänglichen Dingen überwinden. Das macht euch nicht ablehnend und freudlos, sondern bringt euch vielmehr die unvergängliche, ewig neue, ewig wachsende Freude Gottes ein."

# VERZEICHNIS DER GESCHICHTEN UND HUMORVOLLEN BEGEBENHEITEN

# ÜBER DEN AUTOR
## PARAMHANSA YOGANANDA

„Als helles Licht, das inmitten der Dunkelheit er-
scheint, so strahlte Yoganandas Präsenz in der Welt.
Eine so große Seele kommt nur selten zur Erde,
wenn die Menschen ihrer wirklich bedürfen."

DER SHANKARACHARYA VON KANCHIPURAM

Paramhansa Yogananda wurde 1893 in Indien geboren und
schon in jungen Jahren dazu ausgebildet, Indiens uralte
Wissenschaft der Selbstverwirklichung in den Westen zu
tragen. Er zog 1920 in die Vereinigten Staaten und begann
mit dem, was später zu einem weltweiten Wirken werden sollte, das viele Millionen Menschen berührt hat. Die
Amerikaner lechzten nach den spirituellen Lehren Indiens
und nach den befreienden Techniken des Yoga.

Im Jahr 1946 veröffentlichte er das Buch, das zu einem spirituellen Klassiker und einem der meistgelesenen Bücher des 20. Jahrhunderts geworden ist, die *Autobiografie eines Yogi.* Darüber hinaus schuf Yogananda eine Zentrale für seine weltweite Arbeit, verfasste mehrere Bücher und Studienkurse, hielt Vorträge vor vielen tausend Zuhörern in fast allen Großstädten der USA, komponierte Musik, schrieb Gedichte und bildete Schüler aus. Er wurde von Präsident Calvin Coolidge ins Weiße Haus eingeladen und weihte Mahatma Gandhi in den Kriya Yoga ein, seine am höchsten entwickelte Meditationstechnik.

Im Mittelpunkt von Yoganandas Botschaft für den Westen standen die Einheit aller Religionen und die Bedeutung der Liebe zu Gott in Verbindung mit wissenschaftlichen Meditationstechniken.

## Erfolg ist, wenn deine Seele dein Leben berührt

Paramhansa Yogananda

Taschenbuch, 144 Seiten, ISBN 978-3-86616-451-2

Kann es sein, dass es universelle Kräfte gibt, von denen zu träumen wir kaum wagen und die nur darauf warten, dass wir sie uns zunutze machen? Die alten Heiligen und Weisen Indiens sprachen davon, und mit diesen hier erstmals in deutscher Sprache veröffentlichten Texten von Paramhansa Yogananda wird dieses alte Wissen in diesem Buch neu zusammengefasst. Einer der bekanntesten spirituellen Lehrer des 20. Jahrhunderts zeigt geistige Zugänge und praktische Methoden, wie wir Menschen zu unserer wahren göttlichen Natur gelangen und so die uns innewohnenden Fähigkeiten, Talente und Potentiale in ihrer vollkommenen Qualität entfalten und manifestieren können. Dieses Wissen von unschätzbarem Wert kann Ihr Leben von Grund auf verwandeln und auf allen Ebenen der Existenz zu wahrer Fülle und echtem Erfolg führen.

## Karma und Wiedergeburt

Paramhansa Yogananda

Taschenbuch, 128 Seiten, ISBN 978-3-86616-463-5

Einem wahrhaft erleuchteten Meister zu begegnen, ist für jeden Menschen, so sagt man, eine große Gnade. Auch wenn Paramhansa Yogananda, der weltberühmte spirituelle Lehrer und Autor von „Autobiografie eines Yogi", körperlich nicht mehr auf dieser Erde wandelt, so sind sein Geist und seine Lehren lebendiger denn je, wie in diesem kleinen Handbuch. Seine Botschaften entstammen aus anderen Sphären und geben uns Antworten auf die essentiellen Fragen des Menschseins: über die wirkliche Bedeutung von Leben und Sterben, von Karma und Wiedergeburt. Unerschütterlich in der Wahrheit ist in jeder Zeile die Strahlkraft und Liebe des erleuchteten Meisters zu spüren, der uns lehrt, freudvoll unser Leben auszurichten, im Vertrauen auf die universellen Gesetze der göttlichen Schöpfung.

# Verbinde dich mit deiner inneren Kraft
## Paramhansa Yogananda

Taschenbuch, 144 Seiten, ISBN 978-3-86616-472-7

Dieses kleine Buch, das hier erstmals in deutscher Sprache vorliegt, ist ein Juwel spiritueller Literatur, voll strahlender Klarheit, liebevoller Ermutigung und leuchtender Weisheit, ein Reiseführer zum göttlichen Selbst, übermittelt und verfasst von Paramhansa Yogananda, einem der wohl berühmtesten spirituellen Meister des 20. Jahrhunderts. Wer seinen Worten und konkreten Anweisungen folgt, wird lernen, begrenzende Gewohnheiten und innere Einschränkungen zu überwinden und die enorme Kraft des Geistes und der Konzentration zu nutzen, um sein wahres Selbst zu realisieren. Einmalige Meditationstechniken und zeitlose Einsichten weisen den Weg, wie wir unser gottgegebenes inneres Potential voll und ganz erkennen und auszuschöpfen können.

# Yoga des Yogananda
## Klassische Texte und Übungen für heute
## Jayadev Jaerschky

Broschur, 352 Seiten, 200 farbige Fotos, ISBN 978-3-86616-442-0

Yogananda gilt als einer der herausragendsten spirituellen Persönlichkeiten des 20 Jahrhunderts. Mit seinem Bestseller „Autobiografie eines Yogi" hat er Menschen weltweit eine ganz neue geistige Dimension des Yoga eröffnet. Dass hier nun erstmals ein vollständiges Handbuch seiner einmaligen Praxis zur Verfügung steht, ist ein großes Geschenk für alle, die den Yogaweg gehen. Denn es verbindet uns mit der Quelle der Weisheit eines erwachten Meisters, dem Yoga immer ein Weg der inneren Befreiung und des tiefen Mitgefühls war. Nichtsdestotrotz sind die Übungen und Meditationen der Energiewahrnehmung und -lenkung, die Affirmationen sowie Positionen und die vielen praktischen Hinweise absolut einzigartig und führen uns, ob Anfänger oder Fortgeschrittene, stets zur unmittelbaren Essenz des Seins.